英国のスポーツ規範と明治武士道

池田恵子 編著
森下徹　船場大資 著

本書は科学研究費助成事業、研究成果公開促進費（学術図書）課題番号　２３ＨＰ５０８１の助成を受けて刊行した。

目次

序章　修辞としての文化ナショナリズム——その盲点

池田　恵子

英国のスポーツ規範と明治武士道とはどのような関係があるのか。本書ではこの問いを扱う。スポーツは外来語であり、翻訳語として定着した。よって、日本における体育・スポーツ史研究は西欧文化の日本的受容を問題にする必要があった。そのため、近代に西欧から移入された新たな体育・スポーツ文化と伝統的な身体技芸に由来する固有の規範との折衷の在り様にまなざしが向けられた。その折衷には様々な要因が関与したが、なかでも固有の規範を問題にする際、「武士的精神」や「武士道」概念の介在について論及されることがしばしばであった[1)]。しかし、前世紀転換期において、幅広い時代的影響力を有した新渡戸稲造の『武士道』とのかかわりを含め、文化規範の有する能動的な構築性については意外にも大きく取り上げられてきていない。その理由として、本書に通底する「英国のスポーツ規範にルーツをみる武士道を問う」という試みそれ自体が、英国のエリック・ホブズボウム Eric Hobsbawm やテレンス・レンジャー Terence Ranger らが定義する「創られた伝統[2)]」としての「明治武士道」に言及する際、「日本帝国主義下の体育・スポーツ史」研究に伴った自国史特有の盲点とかかわった可能性が考えられる。たとえば、英国の歴史家、トニー・コリンズ Tony Collins は「日本の野球は米国から到来したとしても、その内面にみるスポーツ規範は完全に英国のスポーツ教育思想、アスレティシズムにアナロジーがあることは明白である」と筆者に語っている[3)]。一般的理解からすれば、異なる三国の文化規範の収斂に戸惑いを覚える読者もあろう。だが、コリンズの指摘は本書が扱う問題を端的に表してもいる。しかし、いざ、そうした主張を展開しようとする場合、多くの論証を必要とする。

もっとも、西欧起源の文化の日本的受容とその折衷の在り方を問題にすることは近代黎明期の文化史研究において特殊な視点ではない。かつての「和魂漢才」から「和魂洋才」へという喩《たと》え[4]、あるいは近代教育システムの成立に例を見るように、一九世紀はかつての大航海時代における西欧文化の流入の域を超え、明治維新より以後、西欧の文化規範はより国家制度としてその枠組みに影響を与えた。この例に漏れず、西洋由来の体育・スポーツに伴った文化規範の受容は日本文化との折衷であったことは紛れもない事実である。それゆえ、西欧の文化規範との融合の在り様を分析するかつての解釈学は正当な方法論であったと言える。しかしながら、ここでひとつ留意すべきは、自国史研究には研究者の期待や信念が文化保守主義に過度に傾倒しがちであるという点である。

以上の問題は近年注目される「世界史の描かれ方」に関する問題提起ともかかわる。たとえば、秋田茂他編著『世界史の世界史』(ミネルヴァ書房、二〇一六年)の中で、小山哲はイギリスの歴史家、ピーター・バークの言を引用し、「歴史家たち、とりわけ経験主義的で〈実証主義的〉な歴史家たちは、かつて想像力の欠如という病を患っていた」と述べていることに言及しつつ、「日本の歴史家たちの場合には、〈想像力の欠如〉というよりも、むしろ〈想像力の過剰〉という病を患っていた」と述べ、自国の研究者は自国史研究において、その独自性を理想化ないし正当化しすぎる傾向―「もっぱらナショナルな視点にたって〈世界史〉を語ること―〈想像の共同体〉としての日本の〈世界史的使命〉を正当化すること―に向けられた」と述べている[5]。本書は、こうした近年の学術動向にも目を向けたい。このことは新渡戸の『武士道』を巡る議論に研究者の拠って立つ視点の相違により、しばしば収まりがつかない種々の解釈を生んでしまうこととも関係している。たしかに、近代国民国家形成期の日本は、西欧帝国主義の亢進の下、西欧列強の諸システムへの追随を急ぎ、近代的な議会、軍隊、経済システムを整備し、近代国民国家の骨組みを固め、一刻も早い近代化を余儀なくされた時代であった。その一方で、近代国民国家の成立に際し、国民国家を統合する精神的支柱が必要とされた。その求心力として、明治初期に民間宗教を統合し、国家神道を用いて、天皇を中心とするあらたな近代国民国家形成が必要とされたことは言うまでもない[6]。そして、その内面を支える文化的なナショナル・アイデンティティの「創出」もまた不可欠であった。そのため、新渡戸の例に見られるように、近代的な独立国家としての尊厳を維持する目的で、「文明国家」の対外的な説明に「武士道」が引き合いに出されるようになる。つまり、「武士道」は、体育・スポーツの問題といった範疇を超え、西欧の騎士道になぞられたナショナル・アイデンティティを創出し、西欧列強と立ち並ぶ国家の威信の「顕示」に関与している。それゆえ、新渡戸の『武士道』は元々は国内向けに書かれた書ではなく、アメリカ合衆国において英語で刊行され、海外向けに文明国日本の精神性を知らしめる政治的意図を伴っていた。日本語版が刊行されたのはその八年後であり、しばしば、指摘される通り、その中身には相違がある[7]。したがって、体育・スポーツに介在した「武士道」の問題を解き明かすことは、欧化政策を急ぐ推進力と内向きの国家アイデンティティの創出という二律背反とどのように体育・スポーツが向き合ったのかを問うことに等しい。

なお、繰り返し述べるように、内向きの文化ナショナリズムと外向性を携える西欧化という二軸の存在は明治期の体育・スポーツ事象に限られたことではない。文化受容はいつの時代も相反するベクトルの狭間でその時代特有の作用力を交錯させる。ただし、英国パブリックスクールにおけるエリート教育が、スポーツ文化を通して国家に忠実な帝国的エリートを育成し、統治構造を確固たるものとし、そうした理念に忠実な植民地行政官の輩出にもつながったことは世界史が共有する自明の事実である[8]。したがって、近代の黎明期において日本が一九世紀のヘゲモニー国家であった英国の文化的統治の効用を無視したとは考え難く、大英帝国を模範として天皇中心の近代国民国家を建設する際に、「英国のスポーツ規範と明治武士道」がかかわったことを示す最新の学術成果を本書で示すことにはそれなりの意義がある。

以上は近年の個別研究が示す多様性ともかかわる。日本の文化的独自性を掘り起こし、西欧起源の隠蔽の力学（文化ナショナリズム）を注視する立場もあれば、より忠実に英国におけるスポーツ規範の再現を重視した人々の物語、政治的脈絡からのスポーツの中立性に注目し、文化の自律性を担保する作用に注目する研究もある。いずれの研究も、同時代の歴史事象の重要な局面をつぶさに描こうとする意欲的なものである。しかし、その葛藤の過程を全体像として俯瞰するには個別研究が扱う史料の射程による幅の限界の中で閉ざされてしまいがちである。さらに、個々の詳述された研究が扱う時期区分によって、国際的な軍事同盟、政治的連帯の在り様には相違があることから、史料が示す「武士道」の修辞法はおのずと多様に映る。実際、「武士道」は多様な総体であった。あるときは「新士道」と呼ばれた英国規範そのものであり、ときに排他的で内向きの自国史観も伴う。なぜ、そのような相反する多様な様相を示すのか。この盲点の解明には、「保守的な文化ナショナリズムを伴いつつ進行した西欧近代化」という二律背反を抱え込む過程の細部に目を配る必要がある。

こうした観点は先述の通り、これまでの世界史の描かれ方の問題と呼応している。近代史には西洋史、東洋史といった二元論では捉えきれない、かつ伝統的な物的、心的では捉えられない空間的想像力を胚胎する磁場がある。こうした構築性を重視する空間論的転回の議論にも学ぶ必要があろう。つまり、近代国民国家のフレイムワークとしての「近代」は西欧化を標榜するが、近代化それ自体が外敵を意識した西欧列強に対峙する帝国主義的な対抗戦略の一環であるため、コンテンツとしての中身にはナショナルな伝統との折衷が意図されてしまう。そこに錯綜空間が介在する。これは西欧規範を伴うスポーツ文化を受け入れた植民地を含む多くの国の文化受容の在り方にも共通する側面でもある[9]。しかも、同時代の帝国主義的エリートが日本を西欧支配から守り抜こうとして意図的に用いた保守的な修辞法＝巧妙な文化装置に、研究者の側が史料ごと捕らえられてしまいがちである。それを回避するには、国家の枠組みを解体したトランスナショナルな構築性、世界史的視野を養い、内向きと外向き、その他の自律的作用が絡み合うことで、全体が形成されていることを見抜くための分析視角、文化へゲモニーを前提とすることが必要になる。

「武士道」はこうした歴史を暴く上で、恰好の対象である。同時にきわめて厄介な言葉でもある。というのも、先に述べた通り、「武士道」それ自体が、時代が移ろう中でその求心力と理想像の内実を変化させているからである。たとえば、本書は前世紀転換期の「武士道」が英国規範に忠実であろうとした側面を提示しつつも、同時に文化保守主義を通して再解釈、差異化され、さらにファシズムの時代になると英国規範とは無縁の新たな概念に転じたことに触れている。にもかかわらず、表層に立ち現れる理念は、つねにナショナリズムを標榜する同じ言葉であり、いつの時代も、「武士道」であった。やや飛躍も伴うが、もし、広義のナショナルな表象、「侍ジャパン」までを含めたアナロジーの考察に及べば、利用価値の高いローカル・アイデンティティに他ならず、この意味でポピュリズムとしての外郭をなすと同時に、死をもって捧げることも厭わぬ奥深い時代の精神的支柱との即応をなす、変化《へんげ》する相対概念でもあった。

　こうした都合のよい箱のラベルとしてのナショナル・アイデンティティ、「武士道」と時代ごとに変容する箱のコンテンツとしての「武士道」の関係は、そもそも新渡戸が「武士道」を海外向けの『*Bushido: The Soul of Japan*』として描きつつも、八年後に刊行した日本語版の中では国内向けの文化保守主義としての「武士道」を意識し、英語の原著版をオブラートに包み込むという最初から矛盾を抱えた作品であったことにも表われている。しかもそうした二重構造を用意する必要性こそが、その時代特有の「正当な意図」であった。それゆえ、「武士道」は時代と共に理想像の内実を変化させた「想像の共同体」[10]の求心力、すなわち、ナショナル・アイデンティティの表象であった。

　このことの論証は中村正直（敬宇）によるサミュエル・スマイルズの『自助論』の翻訳に見られるように、多くの西洋規範が外来のものであったにもかかわらず、それを隠蔽《いんぺい》し、普及を急ぐ目的で儒教道徳の赴きで翻訳される必要があった時代のニーズと対応している[11]。そうでなければ、文明国日本を建設する際に民意の合意を得ることが困難であったからである。そうした時代がまさしく明治時代であった。明治期以降に創出された多くの新たな四字熟語も西欧近代と文化保守主義が巧妙に溶け合う際のからくりであった。しかも、体育・スポーツ史が問題にする「武士道」は、すでに新渡戸の意図から離陸し、流行語として受容された大衆の用語、「武士道」になって以後も影響を与え続けた。

　以上のような錯綜空間の歴史を説明する際に、Entangled History と呼ばれる歴史的手法はトランスナショナリズムを支柱とする近代史の歴史学の方法論として近年注目されている。この Entangled History は社会変化が相互依存と副産物の結果であることを重視し、事象の物的因果関係の証明に終始するのではなく、一連のイヴェントの後に何か起こったのかを起点に考えることを促す方法論的概念に相当する[12]。こうした方法論上の概念に学びつつ、曖昧な総体としてのナショナル・アイデンティティ、「武士道」のもつ可変性を西欧と対峙した大日本帝国主義下の文化ヘゲモニーの特徴を相対化させる前史に位置付けることで、近代に創出された概念としての「武士道」はより鮮明になろう。なぜなら、巧妙な隠蔽のからくりは史料実証主義をすり抜けるが、事後の事象は確実に変化を伴うからである。

それゆえ、本書は日本近世史を専門とする森下徹による〈夜明け前の武士〉を第一章に据え、この前史により、以後の章が果たす意味の特殊性を浮き彫りにした。かつ、第二章以降に展開される明治期の「武士道」と英国規範の関係性の細部を描くことを通して、変容の仕掛けが可視化されよう。第二章から四章までの章も、終章で論じられるように、やがて古い概念となる。にもかかわらず、同じ「武士道」という言葉を通して異なる中身に継承されていく。

誤解のないように断っておきたい。船場大資が論じる以後の章は史料実証主義に基づいている（平成二七年三月に博士号を授与された山口大学大学院博士課程・東アジア研究科提出の学位請求論文に加筆訂正を加えたもの）。つまりは、すなおに史料と向き合い、史料から導き出せるものの限界を提示した上で、その限界を補完するために前後の章を設けている。これらを通して、最後に全体像からみた錯綜史が提示する方法論的意図 Entangled History からの整理を試みてみたい。このハイブリッド方式により課題への接近を容易にし、盲点を明確にすることで、全体像の明示化に努めたいと考える。

註

1）能勢修一『体操伝習所を中心とした明治体育史の研究』不昧堂出版、一九六七年。上沼八郎『近代日本女子体育史序説』不昧堂出版、一九六八年。今川嘉雄『日本体育史』不昧堂出版、一九七〇年、一一一―一一三頁。岸野雄三『体育史―体育史学への試論―』（現代保健体育学大系②）大修館書店、一九七三年、一九七―二〇三頁。など他多数。

2）エリック・ホブズボウム、テレンス・レンジャー（前川啓治 他訳）『創られた伝統』紀伊國屋書店、一九九二年。

3）二〇一〇年度における二度目の長期英国研修時の際に本人と交わした会話に基づく。その根拠として、Allen Guttmann and Lee Thompson 著『*Japanese Sports*』(University of Hawaii Press, 2001) にみられる叙述、英国パブリックスクールと一高の校長、後の京都帝国大学総長、木下広次のかかわりの下り（八一頁）に触れ、そのように確信したと筆者に語った。筆者もこの点とその他の論拠も踏まえて、英国の研究者とともに拙著にて論じている (Keiko Ikeda, "The History of Modern Sport in Japan: the British Influence through the Medium of Sport on Imperialism, Nationalism and Gender with Reference to the Works of J. A. Mangan", *Manufacturing Masculinity the Mangan Oeuvre Global Reflections on J.A. Mangan's Studies of Masculinity, Imperialism and Militarism*, edited by Peter Horton, Logos Verlag: Berlin GmbH, 2017, p.138)。

4）平川祐弘『和魂洋才の系譜―内と外からの明治日本』河出文芸選書、一九七六年、三六頁。

5）小山　哲「第一三章　実証主義的「世界史」」秋田茂他編著『世界史の世界史』ミネルヴァ書房、二〇一六年、二八八―二八九頁。

6）村上重良『国家神道と民衆宗教』吉川弘文館、二〇〇六年。

7）英語版の著者による Revised and enlarged 13th Edition, 一九〇八年に初版の序が含まれており、そこには一八九九年に Malvern, Pennsylvania にて、初版の序文が書かれたことが示されている。Inazo Nitobe, *Bushido: The Soul of Japan*, Author's edition, the book's preface was written in Malvern, Pennsylvania. 新渡戸の助言を受けて完成した櫻井鴎村による日本語版は八年後の一九〇八年三月に丁未出版社より出されたのであり、英語版と八年間の開きがある。しかもその中身は国内向けを意識して編集されたものであり、厳密に言えば、同一のものではない（新渡戸稲造［櫻井鴎村訳］『武士道』丁未出版社、一九〇八年三月）。

8）村岡健次「七「アスレティシズム」とジェントルマン―一九世紀のパブリック・スクールにおける集団スポーツについて」村岡健次・鈴木利章・川北稔編『ジェントルマン・その周辺とイギリス近代』ミネルヴァ書房、二二八―二六一頁。

9）この融合伝播の構造をたとえて、たとえばマーティン・ポリーMartin Polleyは、「スポーツと帝国・外交―一九世紀及び二〇世紀における英国のインターナショナルなスポーツ―」（『西欧史学』二五五号、二〇一四年）の中で、インドのエリートスクールマヨ・コレッジに「熱帯地域版《トロピカルな》『トム・ブラウンの学校生活』」といった修辞を当てている(四五頁)。著者の主張の理解を深める上で、訳者であった筆者自身もポリー論稿の解説を付している(マーティン・ポリー（池田恵子訳）「スポーツと帝国・外交―一九世紀及び二〇世紀における英国のインターナショナルなスポーツ―」『西欧史学』二五五号、二〇一四年、五一―五二頁)。なお、空間論的転回については、古典的な歴史主義を避け、「メタ歴史家」の一人であるヘイドン・ホワイトの著作を重視し、提示されているエドワード・W・ソジャの著作が良く知られている（Edward W. Soja, *Thirdspace: Journey to Los Angeles and other Real-and-Imagined Places*, Cambridge, Massachusetts & Oxford: Blackwell, 1996. およびエドワード・W・ソジャ［加藤政洋訳］『第三空間　新装版―ポストモダンの空間論的転回』青土社、二〇一七年）。

10）ベネディクト・アンダーソン（白石さや・白石隆訳）『増補　想像の共同体―ナショナリズムの起源と流行―』NTT出版、一九九七（二〇〇二）年。

11）Earl H. Kinmonth, "Nakamura Keiu and Samuel Smiles: A Victorian Confucian and a Confucian Victorian", *The American Historical Review*, volume 85 number 3 (June 1980), 544-545.

12）この斬新な比較史を凌駕する歴史学の方法論については殆ど日本では紹介されていない。唯一、二〇一六年二月に開催された国際シンポジウムの中でジョイス・グットマン Joyce Goodman 氏を招いて講演を行う中で、トランスナショナリズムを重視する歴史学の方法論に関連して、Michael Werner and Benedicte Zimmermann らによる"Beyond Comparison Histoire Croisée and the Challenge of Reflexivity" (*History and Theory*, 45, 30-50, p.38) に触れられている。本講演は香川節子らによって翻訳された（ジョイス・グットマン［香川節子他訳］「イギリスにおける教育史研究の潮流—ジェンダー、トランスナショナリズム、エージェンシー」『西九州子ども学部紀要』第八号、二〇一七、九三—一二一、とりわけ一〇〇頁)。なお、筆者は二〇一六年九月にイギリスのレスターにてCESHヨーロッパスポーツ史学会が開催された際、ウィンチェスター大学に赴き、直に、Goodman氏よりこの概念に関する教示・解説・研究助言を頂く好機に恵まれた。また Jani Marjanen も "Undermining methodological nationalism: Histoire croisée of concepts as transnational history", Mathias Albert, Gesa Bluhm, Jan Helmig, Andreas Leutzsch & Jochen Walter (eds.), *Transnational Political Spaces: Agents – Structures – Encounters* (Frankfurt/New York: Campus 2009 (Reihe Historische Politikforschung 18), pp. 239–263, in particular, p.244) の中で、先のグットマン同様に Werner and Zimmermann による "Beyond Comparison: Histoire Croisée and the Challenge of Reflexivity" (*History and Theory*, 45, 30-50, in particular, p.38) について解説することを通して、この方法論について詳述している。

引用文献一覧

〈欧語文献〉

Guttmann, Allen and Thompson, Lee, *Japanese Sports*, Honolulu: University of Hawaii Press, 2001.

Ikeda, Keiko, "The History of Modern Sport in Japan: the British Influence through the Medium of Sport on Imperialism, Nationalism and Gender with Reference to the Works of J. A. Mangan", *Manufacturing Masculinity the Mangan Oeuvre Global Reflections on J.A. Mangan's Studies of Masculinity, Imperialism and Militarism*, edited by Peter Horton, Logos Verlag: Berlin GmbH, 2017, pp.133-157.

Kinmonth, Earl H., "Nakamura Keiu and Samuel Smiles: A Victorian Confucian and a Confucian Victorian", *The American Historical Review*, (volume 85 number 3, June 1980), 535-556.

Marjanen, Jani, "Undermining methodological nationalism: Histoire croisée of concepts as transnational history", Mathias Albert, Gesa Bluhm, Jan Helmig, Andreas Leutzsch & Jochen Walter (eds.), *Transnational Political Spaces: Agents – Structures – Encounters*, Frankfurt/New York: Campus 2009 (Reihe Historische Politikforschung 18）, pp. 239–263.

Nitobe, Inazo, *Bushido: The Soul of Japan*, Revised and enlarged 13th Edition, 1908（originally, published from Malvern, Pennsylvania, 1899）

Soja, Edward W., *Thirdspace:Journey to Los Angels and Other Real-and-Imagined Places*, Cambridge, Massachusetts & Oxford: Blackwell, 1996.

Werner, Michael & Zimmermann, Benedicte , "Beyond Comparison Histoire Croisée and the Challenge of Reflexivity", *History and Theory*, 45, 30-50.

〈邦語文献〉

今川嘉雄『日本体育史』不昧堂出版、一九七〇年。

エドワード・W・ソジャ（加藤政洋訳）『第三空間　新装版―ポストモダンの空間論的転回』青土社、二〇一七年。

エリック・ホブズボウムおよびテレンス・レンジャー（前川啓治 他訳）『創られた伝統』紀伊國屋書店、一九九二年。

上沼八郎『近代日本女子体育史序説』不昧堂出版、一九六八年。

岸野雄三『体育史―体育史学への試論―』（現代保健体育学大系②）大修館書店、一九七三年。

小山哲「第一三章　実証主義的「世界史」」秋田茂他編著『世界史の世界史』ミネルヴァ書房、二〇一六年、二七二―二九二頁。

ジョイス・グットマン（香川節子他訳）「イギリスにおける教育史研究の潮流―ジェンダー、トランスナショナリズム、エージェンシー」『西九州子ども学部紀要』第八号、（二〇一七）九三―一一二頁。

新渡戸稲造（櫻井鴎村訳）『武士道』丁未出版社、一九〇八年三月。

能勢修一『体操伝習所を中心とした明治体育史の研究』不昧堂出版、一九六七年。

平川祐弘『和魂洋才の系譜―内と外からの明治日本』河出文芸選書、一九七六年。

ベネディクト・アンダーソン（白石さや・白石隆訳）『増補　想像の共同体―ナショナリズムの起源と流行―』NTT出版、一九九七（二〇〇二）年。

マーティン・ポリー（池田恵子訳）「スポーツと帝国・外交―一九世紀及び二〇世紀における英国のインターナショ

ナルなスポーツ―」『西欧史学』二五五号、二〇一四年、四一―五二頁。

村岡健次「七「アスレティシズム」とジェントルマン―一九世紀のパブリック・スクールにおける集団スポーツについて」村岡健次・鈴木利章・川北稔編『ジェントルマン・その周辺とイギリス近代』ミネルヴァ書房、二二八―二六一頁。

村上重良『国家神道と民衆宗教』吉川弘文館、二〇〇六年。

第一章　夜明け前の武士

森下　徹

（一）実在の武士道をめぐって

武士道と聞いて、だれしもまず思い浮かぶものに新渡戸稲造『武士道』があろう。一八九九年にアメリカで、すなわち英語で出版されたあと、二〇世紀初めには日本にも紹介されたこの書については、近年にも日本語の翻訳が出されている[1]。訳出した山本博文は、「日本人が外国人に向けて書いた初めての日本文化論」との位置づけを与えたうえで、「卑怯な行動や不正な行為を憎む武士的な正義の概念」たる義を筆頭に、仁、礼、信など儒教的な徳目を関連づけた内容は、とりもなおさず現代の日本人が拠って立つべきとされる美徳に重なり合うと解説している[2]。版を重ね広く読まれているのも、武士道なるものが単に遠い時代の遺物ではなく、欧米人と比較したときの耳触りのよい美質として受け入れられているからなのだろう。

ただし同時に山本は、武士道とはもともと戦闘者の論理であり、武士は平和な世の中にあってもそのことを示すべきとのダブルスタンダードを求められる存在だったはずである。ところが新渡戸の「武士道」は、「そうした葛藤のない上澄みの武士道」である、ともいっている。すなわち、そこで語られることは欧米を意識した日本文化論ではあっても、実在した武士の精神からじつは乖離したものだったことに注意をうながすのである。

はたして武士の精神史をテーマにした研究をひもとくと、新渡戸のいう「武士道」なるものがいかに「創造された伝統」であるか、縷々述べられるのが常である。たとえばある論者は、「新渡戸の主張する武士道は、片々たる史実や習慣、倫理・道徳の断片をかき集め、脳裏にある『武士』像をふくらませて紡ぎ出した一種の創作である」と切り捨てる。「西洋の騎士道に酷似しているとするが、彼の武士道が騎士道からの類推でできたものだから当然であろう」、「武士道の徳目を『義』から始めているが、それもキリスト教の義『義（人の神の前での正しさ、神との正しい関係性）の道』と重ねる必要があったからである」、要するに「皮をかぶったキリスト教」なのだと手厳しい[3]。

にもかかわらず、そうして新渡戸が創出した「武士道」なるものが日本社会に広まっていったことには、明治維新を経てすでに武士身分はなく、かれらがもっていた精神の在処など不明となっていたとの事情も与っているはずである。

それでは維新を迎えるまで、現実に武士が君臨していた社会にあって、武士道なる概念は存在しなかったのか。この疑問に応えるべく、文献のなかでの武士道という語の使われ方を調査した研究がある[4]。それによると、この言葉は中世や戦国時代には存在せず近世に入って登場し、しかも刊本を通して全国規模に普及していた。したがって、もともとは戦場における勇猛な働きを理想としながら、やがて平和な社会に適合した道徳的なもの―慈悲の心をもち、義理を知り、他人を妬んだり蔑んだりせず、嘘をつかない、などの態度や心構え―に進化・発展していった。こうしたものが一七、一八世紀に広く見られるようになったものの、一九世紀に入ると衰退しやがて忘れさられ、新渡戸がこの言葉を自分の造語かも知れぬと思うほどだった、とこのようにいう。

そこでは武士道は平時に即したものに変質していたとするのだが、そうした概念は儒学に基礎をおく士道にこそ当てはまるものであり、武士道がそれを吸収したと見ることはできない。そもそも武士道の語の普及もそれほどの広がりをもったとはいえず、かえって一九世紀に入って増加するとした方がよい。それでも社会全体から見れば、さほど一般的な言葉でも重要な道徳概念でもなかったとして、武士道なる語は士道に取って代わられたとの主張もある[5]。別の論者もまた、戦士としての心がけの伝統をひく武士道に対して、儒教と結びついた道徳を重んじる伝統が士道と呼ばれ、武士社会において主導的な役割を果たしたと述べている[6]。

このように武士道が、新渡戸のそれとは別物として近世にも存在したことはたしかであるらしい。そして武士道なのか士道なのかの違いはあるものの、戦場における勇猛なはたらきぶりの称賛にかわって、儒教を基盤にした道徳的生き方、心構えが重視されるようになる。その前提として、「戦士が本来だったそれまでの武士のあり方」から、「文官の実務官僚」として、「治者であることが武士の主要な側面」になる[7]、あるいは「戦士としての性格は保持しつつも」「行政的分野に進出し、これを担当する治者、役人としての性格をあわせ持つようになっていく」[8]といった、武士の官僚化という事態が想定されている。

また別にこれらに対して、近世に実在した武士道は新渡戸に代表される「明治武士道」と異なるとする点では共通しつつも、「どれほど儒教道徳の装飾を重ねようとも、戦闘者であるという武士の本質が否定されることはなかった」と、戦闘者としてのあり方は保持されていたと見る論者もいる。そこでは武士道とは、「自己の存立を懸け、己れと己れの一部たる妻子、共同体のために戦う、私的戦闘者であることに根差した思想である」と説明される[9]。

新渡戸「武士道」のイメージを剥がして、近代を迎える直前の時期―夜明け前―に生きた武士たちの精神世界をそのものとして見ようとする場合、儒教道徳に立脚するのか、もしくは戦闘者だった本質を強くもちつづけたとするのかで、見解が分かれている。そのさい、「武士の精神史は、時代による振幅が大きく、それは中世以前と以後の社会構造や主従制のあり方の大きな変化に最大の原因がある」[10]、あるいは「武士道は、武士の実態とは直接関わらないどこか別のところにある。武士道とは、いわば精神の問題であって、些々たる事実にはとらわれない。そういう漠然とした思い込みが、武士道という言葉の一人歩きを許す原因となっている」[11]のであれば、意識や精神の基盤としての、平和な時代における武士の存在形態そのものが、まずは問われるべきであろう。

要するに近世の武士とは戦士であり続けたのか、それとも行政を担う治者、官僚としてあったのか。そのさい「ふつう、番方とは軍事組織であり、役方とは行政組織であると言われてきましたが…番方の組織こそが幕藩制の本来的な官僚組織の在り方である」[12]との近世史研究での見解に従えば、戦士―すなわち番方が、官僚―すなわち役方に移行したと単純にはいえず、両者がどのように絡みあっていたのか、事実に即した検討が必要ということになる。ここではこのような関心をもって、萩藩という個別藩に即した武士の実像を紹介してみたい。

新渡戸の「武士道」が多分に虚構に満ちたものとするならば、では近代を迎えるそのときまでいた武士とはいかなるものだったのか、できるだけ等身大の像を描いてみようと思う[13]。

（二）戦闘者の組織

幕藩制とも呼ばれるように日本近世は大小およそ二六〇の藩からなっていた。大きなものには、いまの県がまるまる一つの藩だったところもあり、西国でいえば鹿児島県にあった薩摩藩、熊本県にあった熊本藩、高知県にあった土佐藩、徳島県にあった徳島藩などが思いつく。山口県もその一つであり、支藩を含むとはいえ近世には萩藩の領域だった。

群雄割拠の戦国時代、中国地方で勢力を伸ばした戦国大名が毛利氏である。やがて大内氏にかわって中国八ケ国を支配する大大名となり、広島に拠点を置く。ところが関ケ原の合戦で、西軍の総大将として徳川氏率いる東軍と対決する羽目に陥ってしまう。そして敗戦の結果、かろうじて周防・長門両国─いまの山口県─だけを領地に存続することを認められ、萩に城を築いて萩藩として再出発することになった。国の数でいえば四分の一となった領地で家臣団を扶養しなければならない。当初から財政難には苦しむことになる。

このようにして始まった萩藩の家臣たちの動静を以下では観察してゆこう。長州藩とも呼ばれ、もっぱら明治維新での活躍が注目されるところだが、ここでは平時のようすをみてゆくことにする。

家臣団の成り立ちを概観しようと思えば、「分限帳《ぶげんちょう》」という帳簿が便利である。家臣たちは藩主である毛利氏から知行《ちぎょう》と呼ばれた領地を与えられる。その多寡は石高《こくだか》によって表現された。石とは容積の単位であり一石＝一・八リットル、米の量になる。今日であれば〇千〇百万円というところを、米三〇〇石のようにして表した。どの家臣がどれだけの知行を有しているか、一人一人すべてについて記載したのが「分限帳」になる。萩藩家臣団の台帳といってもよい。

ここでは家臣組織が再編され、以後の枠組みとなった一六五二年のものから見ておこう。以下の順番で記載がなされている。

まず筆頭は、毛利を名乗る五家など一門と呼ばれる家老クラス八名だった。藩とは一万石以上をさすから、それに匹敵するものもいた。家臣団のなかでも断然規模が大きかった。これらは自らの陣屋を構え、まとまった知行地をもつ藩のなかの藩ともいうべき存在である。

次に上級家臣である寄組《よりぐみ》があった。平均で二千石弱の知行であり、家老クラスには及ばないとはいえ大身の家である。この年の「分限帳」では一一二名いる。

そのあとに手廻《てまわり》という藩主の側近部隊四八名、物頭《ものがしら》という「物」すなわち弓や鉄炮といった武器を扱う足軽部隊を率いるもの二五名が続く。

そしてその次にくるのが八組からなる大組《おおぐみ》であり、六六四名と人数も多く、「分限帳」搭載分の七割強にもなる。平均すると二〇〇石強。この大組こそが家臣団の中核だった。

さらにそのあと、水軍である船手《ふなて》などが続いている。

以上あわせておよそ九〇〇名。家臣一人一人は主君である毛利氏と主従関係を結んだわけだが、同時にこのようないくつかの階層に分かれ、それが上下の秩序をなしていた。かつそれぞれのなかでも知行の多少によって序列化される。これらのことを表現するのが「分限帳」での「筆並《ふでなみ》」つまり記載順にほかならなかった。藩主を頂点とする求心的な構造のなかに、一人一人が位置づけられていたわけである。

近世には農村部に村、城下町に町《ちょう》という百姓、町人が作る集団があった。所持する耕地には大小があり、保有する資産にも多寡があったろうが、しかし村のなか、町のなかでは百姓、町人は互いに対等であり、共同してそれぞれの家産を営んだ。それと比べると構成員一人一人が差別化され、上下の秩序に配された武士の組織はいかにも特異である。タテ社会とでも呼べばいいだろうか。主従制が家臣団を成り立たせる最も根幹の原理としてあった。

かつこの組織はそのまま軍事編成となるものでもあった。

いざ戦陣となると、戦闘はまず射程距離の長い鉄炮の斉射で始まり、次に弓を射かけ、さらに敵との距離が詰むと長鑓で打ち合い、最後は馬上の武士同士の戦いで決着する。こうした集団戦法が、戦国時代以来、想定されていた戦争のやり方である[14]。大名の軍隊を構成する一つ一つの戦闘単位を「備《そなえ》」と呼んだが、このような戦闘方法に規定され、総指揮官のもと、馬上の武士、鉄炮や弓を扱う足軽などの集団から構成されていた。

萩藩家臣団のうち中核の大組は八組からなっていた。また一門も八名いた。家老一名が大組一組を率い、さらに物頭配下の足軽隊三組を加えたものが一つの「備」として想定されていた。萩藩の軍団とは全部で八つの「備」からなるものだった。他に藩主と手廻りによる「旗本備」もあった。このような戦場での布陣が、そのままふだん家臣団が属する組織となっていたわけである。もし戦争が起きれば、こうしたふだんの組織がそのまま軍事組織に転用され、即座に戦陣に赴くことができた。しかもこの構成は幕末までずっとそのまま維持される。戦争などまず起きそうにないなかでも、軍団編成は解除されることなくそのままだったわけである。

なお「分限帳」でのこうした組は単に形だけのものではない。日常果たすべき務めは組を通して懸かってきたし、さまざまな指示や伝達、逆になんらかの願い事や要請があるときにも組が媒体となった。家臣たちがふだん暮らすうえでの基礎的単位として機能するものだった。

現実の戦争が忘れ去られたなかでも、いってみれば戦士としての組織に家臣たちは所属しつづけていた。そのことをまず確認しておこう。

(三) 基幹的な務め—番役

といっても、島原天草一揆を経たあとは幕末に至るまでのじつに二〇〇年以上のあいだ、戦争らしい戦争は何もなかった。そうしたなかで家臣たちは何をしていたのか。よく時代劇では、毎日役所に務め、上司の顔色をうかがいながら事務仕事に励む姿が描かれる。官僚というよりはサラリーマンの姿を投影したものだろう。このようなイメージが果たして現実のものだったのか、ということである。ここでは家臣団のなかでも中核を占める大組に即して検討してみたい。

大組八組は各組ともほぼ同じ人数からなっている。このように均質なのは、江戸への勤番体制に規定されたからであった。

家臣団は交代で江戸へ赴き、江戸屋敷に詰めた。萩藩ではこれを「江戸番手《ばんて》」と呼んだ。江戸の大名屋敷とは、藩主が暮らしまた政務をとったり来客を応接したりするための巨大な御殿からなるもので、それを取り囲むようにして単身でやってきた家臣たちが暮らす長屋が建っていた。

いまの日比谷公園が萩藩の江戸上屋敷の跡地となる。一七世紀半ばの絵図を見てみると、屋敷の表門（御門）のすぐ先に御殿の入り口、式台があり、その右手に「大番所《おおばんしょ》」という二四畳敷の大部屋が設けられている[15]。江戸に赴いた大組の家臣は、交代でそこに詰めて御殿警備を務めることが任だった。そして一六五二年の藩主代替わりに伴って―関ケ原合戦以来、半世紀ぶりの交替だった―、大組家臣は八交代で江戸に詰めるとあらたに定められている[16]。大組全体を八グループに分け、各グループが交代で江戸へ赴き、勤番の任に就く、ということである。

こうして「江戸番手」の担当体制がまず改定された。そのうえで、それまで六組からなっていた大組は、あらたに八組に編成替えされている。要するに大組の組織とは「江戸番手」に対応するためにできたものであり、それが幕末までずっと維持されていた。そこからすれば家臣団の中核部隊である大組にとって、江戸勤番こそが基幹的な務めだったということになろう。萩から江戸に行き、交代で御殿を警備する。それが大組家臣にとっての最も大切な務めなのだった。

とはいえこれは八年に一度廻って来るものである。では江戸に赴かない残りの年には何をしていたのか。もちろん無聊をかこっていたわけではなく国元では国元ならでの務めがあった。その一つが「城番」である。萩城の本丸御殿にも、江戸屋敷と同じように玄関を入ったすぐ先、御殿の入口付近に「大番所」という大部屋がある[17]。ここに当直で詰め、御殿の警備にあたったのである。国元に残る大組七組が月交代で担当するとされた[18]。藩主は参勤交代で江戸と国元を往復したわけだが、どちらに滞在していようと、当番となった大組の家臣が身辺を警護するとともに、不在の御殿でも同様に警備体制が敷かれていた。

さらに同じとき、「火本番《ひもとばん》」も七組が交代で担当するよう定められている[19]。火事がおきたら火元へ駆けつけ消火にあたる務めである。国元に残った七組のうち二組ずつ月交代で「城番」「火本番」を担当させた。その後の規定では、城下で火事が起きれば、「城番」はもちろん御殿で防火に努め、残りの組のうち、月当番の「火本番」は火元へ駆けつけ、さらに残る組は城周辺の所定場所に待機して城を火事から守るように、とされている[20]。防火の務めというと公共的な性格のようにも思えるが、本質的には大名の財産である城と、在国していれば藩主自身の安全を守るためのものだった。いまでも火事は怖いものだが、木造家屋の密集する近世の城や城下町において、火事の心配は大きかったろう。防火の務めも家臣にとって大事なものだった。

このように大組の家臣たちは、一年交代で「江戸番手」に就いて江戸屋敷の御殿の警備にあたり、また国元では一ケ月交代で御殿警備の「城番」、火消しや防火に従事する「火本番」などを務めたわけである。なおこれらの他に、城下で刃傷事件などがあったとき、犯人の身柄確保のため城下の入口を封鎖する務めもあった。

かつて鎌倉時代の御家人たちは鎌倉番役に就き、将軍の身辺やその住まいする御所などを警備した。そうした武士としての務めは、近世にも脈々と受け継がれていた。ここでも、「江戸番手」をはじめ家臣が務めるこれらの警護・警備、防火への出動も含めた務めを番役と呼んでおく。

ここで注意を払いたいのは、番役にさいして、あたかもサラリーマンが毎日通勤するかのようにして、家臣が一人で赴いたのではないことである。必ず供連れが必要だった。

まず馬上の身分であれば、乗っている馬の手綱を押さえる口取が必ずいる。さらに着替えを入れた挟箱を運ぶもの、脇を守る若党、槍をもつ槍持ち、などなど、どの種類を何人伴うかということは格によって定まっていたし、むしろそれ以上に召し連れることで自身の地位を誇ろうとするのが武士だった。付き従えるお供が多ければ多いほど自らの格の高さを誇示できる、という心性である。いつ起こるかわからない火事への出動のためにも、ふだんから一定数の奉公人を抱えておかねばならない。供連れに必要な奉公人を常時抱えておき、いつでも出動できるよう体制を整えておくのが、武士としての「嗜み」に違いなかった。

今日の感覚からすれば、幼稚な感覚にもとづいたまるで無駄な人件費のように見えてしまうが、武士たちにとっては大まじめでありしごく当然の支出だった。とりわけ江戸まで赴くとなれば、藩からの補助があったとしても、かなりな負担となったであろう。一定の財力がないと番役は務まるものではなかった。

かくして大組の家臣がふだん務めていたのは、主従制に基づく大名への奉仕というべきものといえた。かれらが所属する組は、いざ戦争となれば軍事組織にそのまま転化したわけだが、平時にあってはこれら番役遂行のための組織としてあった。もちろんかれらの視線の先にあったのは、主君である大名なのであって、まちがっても領民のための務めなどとは思っていまい。知行を与えられることに対する主君への奉仕という、封建的な関係に則ったものに他ならなかった。近世の武士たちは戦士としての性格を色濃くもっており、平時だからといってそれが失われることはなかったというべきであろう。

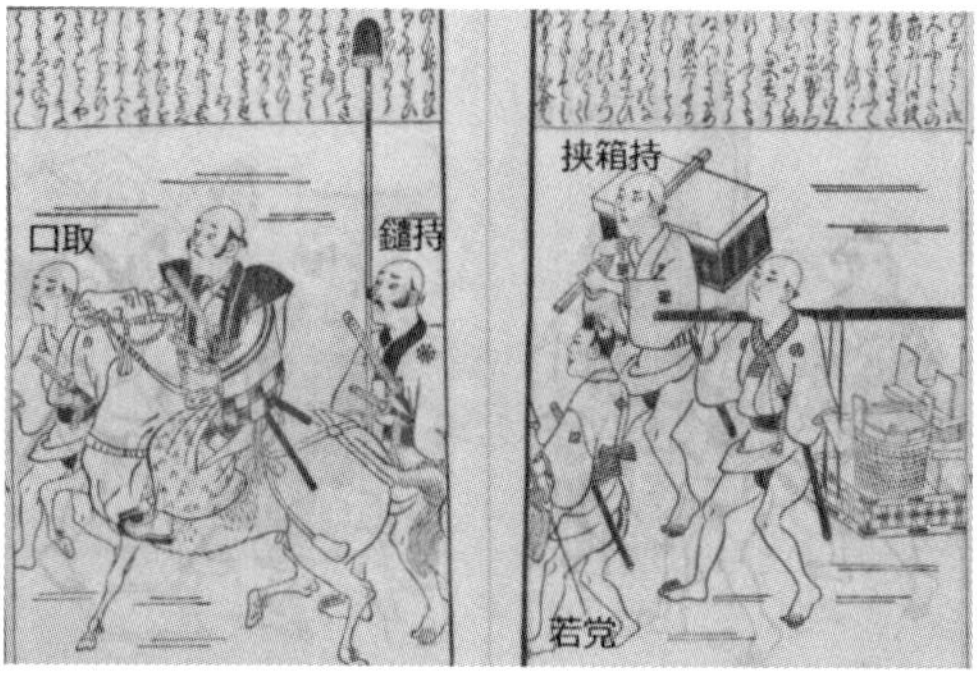

△ある大名家の使番と供連れ
国立国会図書館デジタルコレクション
「千代の友つる：当世風流　上」に加筆

（四）役所務めとは

それでは一般にいわれる武士の官僚化という事態はどう考えたらよいのか。次に役所に務める官僚としてのあり方に目を向けてみよう。

そのさい難しいのは、今日ある行政機関の姿をそのまま当てはめ考えることができない点である。すなわち藩庁のことを、県庁や市役所に単純に置き換えることはできない。というのは、民政は藩庁だけが担うのではなく、村ごとにおかれた庄屋（名主《なぬし》などとも呼ばれる）、あるいは一〇ケ村、二〇ケ村を束ねる大庄屋《おおじょうや》といった百姓身分から任命されたものの果たす役割が非常に大きかった。行政的な機能は大幅に民間に移譲されて成り立つのが近世社会であった。だから何をもって行政機関というのか、まずその定義に悩んでしまう。

しかしそのことは主題ではないので、とりあえず萩にあった「蔵元《くらもと》」とよばれる機関を中心にして考えてみたい。

萩城二之丸を出た東、海に面したところにL字型をした施設があった。これは、さまざまな役所が集められた総合庁舎のようなものだった。そのなかには民政にあたる郡奉行所《こおりぶぎょうしょ》であるとか、家老たちの政策協議の補佐をする部署、家臣統制にかかわる部署、金銀を扱う部署などがあったし、送られてきた年貢米の管理、藩主やその係累が必要とする呉服や調度品などの購入にあたる部署など、多様なものが含まれていた。

一六六九年のものだが、「蔵元」を中心に部署ごとに務める役人数をまとめて記録したものがある[21]。それによると、各部署に一名から二名程度配置された「役人」（御用人）がおよそ九〇名、またそれを補佐する書記役や雑務を担うものが別に一〇〇名ほどいたことがわかる。

ではどういったものが就いたのか。そのことを見るために、この時点で「役人」を務めていたもののリスト[22]に出てくる名前を「分限帳」と照合してみよう。

なお萩藩では知行二〇〇石以上を「馬乗衆」と呼んで、いざ戦陣となれば騎上で戦う中核とされた。一六七〇年代の「分限帳」によって見ておくと、大組のうち二〇〇石以上はおよそ四割を占めていた。では「役人」に就いたのはどのようなものだったか。一六六九年時点でいえば、知行二〇〇石以上の馬乗衆からは、郡奉行（二〇〇石）と「蔵元」全体の責任者（二五〇石）が見えるだけである。それ以外のほとんどは一〇〇石以下であり、とくに五〇〜七〇石程度が多い。同じ大組ではあれ下層の部分から多く「役人」が供給されていた。他方で中堅的な階層以上で役所に務めるものは少なく、ほとんどが先に述べたような番方の務めに専ら就いていたことになる。

しかも「役人」になるものは、所属する組にかかってくる「江戸番手」や国元での「城番」「火本番」などの勤務ローテーションを一旦離れ、「役人」を止めるとまた戻ってきている。つまり大組全体としての基幹的な務めは「江戸番手」を初めとする番役なのであり、そこを外れた一時的な務めとして役所勤務がある。このような仕組みになっていた。

このことについて事例を補足しておこう。一八世紀初め、家老から国元での番役勤務状況を質されたさい、大組の担当者は、大組各組には、病気や当主がまだ幼いものがおり、かつ「役人」として勤務中のものとあわせると三〜四割に登ると回答している[23]。「分限帳」に即すと、一八歳以下ないし六〇歳以上は各組一〜二割ほどおり、それに病欠を加えると、身体的な理由での番役欠勤は二〜三割ほどと想定できる。それを差し引くと「役人」を務めるのは一〜二割ほどということになる。「役人」を担当するのは大組のなかではごく一部、しかも下層のものであり、大方は番方勤務だった。

要するに、先に紹介した、近世の武士にとっては番方こそが本来的な組織であるとの見解通りの実態ということである。そこからすれば、近世の武士は戦士ではなくなって官僚化していった、とみることはできず、むしろ逆に戦士としてのあり方は強く保持されていて、官僚的な側面はそこから派生した部分的なものと見るべきだと思える。時代劇で描かれる情景でもって近世の武士をイメージしてはいけない、ということである。

もちろん現実には武力の発動など抑制されていたし、あるいは武士それぞれが儒学を学び治者としての道徳を身に付けようとしたのも事実だった。とはいっても、そもそも藩というものが戦士として存在しつづける武士の集団であり、「武威」でもって民衆を靡かせ支配する組織だったのは紛れのないことである。近代の行政機関とはまるで違うものだった以上、家臣団のことを官僚の集合体と置き換えたのでは、近世社会の特質を見誤ることになる。

（五）寄生化する武士

そうであれば、近世の武士のことを戦士としての誇りや自覚をもったものたち、と考える方がよいのだろうか。

述べたように、大幅に削減された領国での再出発を余儀なくされた萩藩において、財政難は他の藩以上に深刻だった。同じ西国の岡山藩と比べると、一・五倍の収入で二倍の人数の知行取家臣を抱えていた、とされるほどである[24]。かといって百姓からの年貢増徴には限界がある。そこで採られた手っ取り早い方法が、家臣に負担を転嫁することだった。経営難に直面した企業が安易にリストラに走ろうとするようなものである。といってもどれほど財政難が深刻でも、藩がほんとうに家臣をリストラしてしまうことはなかった。いまの企業と従業員との関係とはちがって、藩とはあくまで家臣の共同組織でもあったということだろう。

とはいっても財政危機を凌ごうと、苦渋の判断によって繰り返されたのが、家臣が知行地から取る年貢の一部を藩に上納させることだった。いまでいえば解雇でなく給与のカットになる。例外的な措置だったはずがやがて恒常化し、しかも収入の半分上納が定着してゆく[25]。それでも番役の務めは果たさねばならない。そうである以上、いきおい借金に頼るものが増加してゆくことになる。

こうしたなか、本来の武士としてのあり方―主君である大名から与えられた知行地を基盤に再生産を図り、そのかわりに番役でもって奉仕する―を維持することそれ自体が困難になるのはやむをえなかった。

ここで一六七〇年代と一七三九年、二つの時期の「分限帳」における大組の構成を比べてみよう[26]。

家臣には藩主から知行が与えられるといったが、それには二とおりの仕方があった。一つは領地を知行地として与えられるものであり、家臣はそこから所定の率の年貢を毎年徴収した。家臣それぞれの知行地には年貢を徴収する庄屋がおり、また年貢を収納する蔵もあった。かたちのうえでは自らの領地と領民をもっていたわけで、武士としてのより本来的なあり方といえるものだった。それに対して、直接領地はもたず、知行に相当する年貢米だけを藩庫から給付されるものもあった。

この二つの区分を階層ごとにみてみよう。まず一六七〇年代の大組では、全体では五割が知行地を有しており、「馬乗衆」一〇〇石以上では八割ほどがそうだった。中堅的な階層では知行地という領地を保持しているのがふつうだった。

それが一七三九年になると大きく変わっている。全体で知行地を所持するものは二割に減ってしまい、二〇〇石台では四割強、三〇〇石台でも五割しかいない。知行地に基盤をおくものは大幅に減少していた。

かくして、かたちのうえではあれ領地をもつ自立した武士というべきものは少なくなってしまい、多くがただ藩から毎年決まった俸禄米を受け取るだけの存在に―あたかも給与を支給されるサラリーマンのように―なっていた。借金を重ね窮乏が進むなか、自ら知行地をもつよりは、その管理は藩に委ねて相応の俸禄米だけ受け取ればそれでよい、とする家臣が増えていたということである。

しかしだからといってかれらのことを、藩からの俸禄米をもらって仕事をする、いわば公務員のような存在になっていったとみることも、じつは正しくない。なぜなら務めそのものを忌避するようになっていたからである。

一六七〇年代、一七三九年ふたつの「分限帳」を比べた変化として、組員総体の増加とともに、一〇〇石未満が大幅に増えていることもあった。前者では総数六七五名のうち一〇〇石未満は四二%、対して後者では総数が七七五名となり、一〇〇石未満は六三%をも占めるようになっている。他方で二〇〇石台・三〇〇石台の中堅層は減ってしまっていた。中堅層が減る一方で下層が増加し、ますます裾野の広いピラミッド型となっていた。

なぜそうなのか。すなわちそれは中堅層のなかで知行そのものを藩に返上してしまうものが増えたからだった。知行地ではなく知行を、である。どういうことだろうか。

借銀で首が回らなくなった家臣には、知行をすべて返上して借銀の処理を藩に肩代わりしてもらい、返済できるまでの一定の期間は、最低限の生活費だけを給付されるという救済制度があった——これを「扶持方成《ふちかたなり》」といった。これについて、一七二六年に出された通達のなかでは、御奉公もしない身分なのだから御目見をすることもない。したがって袴は不要である。どうしてもやむを得ない場合を除いて外出もせず、親族や朋友との交際も絶ってひたすら倹約に励むのが相応の暮らし方というものだ。外出が必要なら夕方や夜分にするように、こうした謹慎状態で過ごすべきだと釘を刺している[27]。武士の誇りも何もいらない、とにかく借銀の返済だけを考えていろというのである。

同時にこの通達では、一時的とはいえ知行を返上して奉公を務めない状態であり、家を潰すのも同然である。ところがそれを恥とも思わず、上帯を付けないままの外出さえ憚ろうとしないともいって問題にしている。別の法令でも、本来特殊なもので、一生のうちにも一度だけしか申請できないとされていたにも関わらず、最近では二度、三度、多いものでは四度目さえいるとするように[28]、安易な申請が繰り返されていたらしい。こうなれば、家臣にとってみれば交替で採る休暇制度とかわらなくなる。じっさい一七三九年時点での申請者をみると、二〇〇石台・三〇〇石台の中堅層ではじつに三分の一にも登っていた。窮乏化が進んでいった先に、武士としての誇りをかなぐり捨てるばかりか、何の務めも果たさずに藩からのわずかな扶持だけを当てにするようなものが多く生まれていた。「恒産なくんば恒心なし」のことわざがそのまま当てはまるような有様だった。

しかしそれでも組には番役の務めがかえってくるわけで、それには残された人数で対応せねばならない。そこで「小身衆」のなかでも一〇〇石未満を増やし、頭数を維持しようとした。大組の組織はすっかり水ぶくれしていた。

好き好んでこうなったというわけではなく窮乏化のせいであり、しかもその原因は藩が自らの財政難を転嫁したことにあった。酌むべき点はたしかにあろうが、それにしても果たすべき本来の務めを忌避し、知行地の管理もあきらめる。ただ単に藩からの給付だけを当てにして生きていこうとするような家臣が増えていた。こうなるとただ藩に寄生しているとしかいいようのない姿である。意外といえば意外だが、幕末に幕府を倒した萩藩（長州藩）の武士たちは、実際にはこのような体たらくだった。

そうしたかれらに戦士としての誇りや道徳的な高尚さを求めても無理がある。というよりは、現実の生活がこのようだったからこそ、観念のうえで武士道・士道が肥大化し発達していたということなのだろうか。ともあれ現実的な基盤をもたない思想や精神は、近代化の荒波のなか忘れ去れるのも早かった。「真の武士道」はあったとしてもそのようなものだったとすれば、新渡戸「武士道」が社会に受け入れられていった事情もいっそうよく理解できるように思えるのである。

註

1) 山本博文訳『現代語訳　武士道』筑摩書房、二〇一〇年。
2) 山本博文「解説」（註1書所収）。
3) 高橋昌明『武士の日本史』岩波書店、二〇一八年、二三三頁。
4) 笠谷和比古「武士道概念の史的展開」『日本研究』三五号、二〇〇七年。
5) 佐伯真一「「武士道」研究の現在―歴史的語彙と概念をめぐって―」小島道裕編『武士と騎士―日欧比較中近世史の研究』思文閣出版、二〇一〇年。なおここでの「士」とは「さむらい」ではなく、儒教的な「士農工商」の「士」、すなわち学問を修めた治者、「士大夫」のことである。
6) 高橋昌明『武士の日本史』岩波書店、二〇一八年、一七六―一七七頁。
7) 高橋註7書、一九四頁。
8) 笠谷、註4論文、二六九頁。
9) 菅野覚明『武士道の逆襲』講談社、二〇〇四年、二六、二三二頁。
10) 高橋註7書、二〇五頁。
11) 菅野註9書、一二頁。
12) 山口啓二『鎖国と開国』岩波書店、一九九三年、一一八頁。
13) 以下の叙述は多く森下徹『武士という身分』吉川弘文館、二〇一二年に拠っている。
14) 高木昭作『日本近世国家史の研究』岩波書店、一九九〇年、四頁。
15) 山口県文書館毛利家文庫「絵図」四八〇「江戸上屋敷極リ之惣指図」。
16) 『山口県史　史料編近世二』（山口県、二〇〇六年）法制一九五。
17) 山口県文書館毛利家文庫「絵図」八〇七「萩御城元御座敷図」。
18) 『山口県史　史料編近世二』法制一九九。
19) 『山口県史　史料編近世二』法制二〇六。
20) 『山口県史　史料編近世二』法制三〇四。

21）東京大学史料編纂所益田家文書（所蔵分）五二―一二「御用人諸手子付立」。
22）山口県文書館旧県史編纂史料八「役人帳」。
23）毛利家文庫「法令」九三「御法控」。
24）田中誠二「藩制機構と家臣団」（藤井譲治編『日本の近世三　支配のしくみ』中央公論社、一九九一年）。
25）田中誠二『萩藩財政史の研究』塙書房、二〇一三年。
26）毛利家文庫「給禄」二七「分限帳」、一一四「分限帳」。
27）毛利家文庫「法令」三一「御扶持方御書付」。
28）毛利家文庫「諸省」五二―六「触書抜」。

引用文献一覧

笠谷和比古「武士道概念の史的展開」『日本研究』三五号、二〇〇七年。

菅野覚明『武士道の逆襲』講談社、二〇〇四年。

佐伯真一「「武士道」研究の現在―歴史的語彙と概念をめぐって―」小島道裕編『武士と騎士―日欧比較中近世史の研究』思文閣出版、二〇一〇年。

高木昭作『日本近世国家史の研究』岩波書店、一九九〇年。

高橋昌明『武士の日本史』岩波書店、二〇一八年。

田中誠二「藩制機構と家臣団」藤井譲治編『日本の近世三　支配のしくみ』中央公論社、一九九一年。

田中誠二『萩藩財政史の研究』塙書房、二〇一三年。

森下徹『武士という身分』吉川弘文館、二〇一二年。

山口啓二『鎖国と開国』岩波書店、一九九三年。

山本博文訳『現代語訳　武士道』筑摩書房、二〇一〇年。

第二章　「明治武士道」規範と「文明の精神」

船場　大資

「第一章　夜明け前の武士」では江戸時代の武士の組織、務め、窮乏化した日々を通じて失われた威信といった観点から今日われわれが思い描く武士の理想との落差が浮き彫りにされている。それとは区別される明治期の「武士道」とはいかなるものであるのか、本章（第二章）では明治期に登場した新たな「武士道」と同様に明治期に登場した外来文化であるスポーツ規範の普及といった観点からこの問題を考えてみたい。

たとえば、この問題に際し、菅野覚明は、そもそも「武士道」という概念は、明治期に創られたものであり、これを「明治武士道」[1]と定義している。また「武士道」といっても、西欧論者による「武士道」と国体論者による「武士道」があるとも指摘している。

そこで、本章ではいずれの場合の武士道であっても、この「武士道」が、どのような規範を携えることで、近代国家の国民を形成していく媒体となり得たのかを検証し、スポーツ規範における「武士道」との関連を明らかにする。

第一節　「明治武士道」の形成

第一項　西欧的規範の啓発論者にみる「武士道」―新渡戸稲造の『***Bushido: The Soul of Japan***』―

菅野や佐伯真一は、「武士道」の著名な西欧論者として、新渡戸稲造に着目している。後述するが、新渡戸は第一高等学校の校長を務めた時期があり、教育や学生にも影響を与えた。

前述の通り、新渡戸稲造著『*Bushido: The Soul of Japan*』は、一八九九年にアメリカにて出版された。

日本では、翌年にあたる一九〇〇年に英語版が刊行され、そして、和訳版は一九〇八年に『武士道』がそれぞれ刊行された。また今なお彼の「武士道」に関する出版（翻訳本を含む）や研究は盛んである。

第一章でも示されたが、新渡戸の「武士道」論には伝統との乖離がある。中世史の研究家の佐伯は、「新渡戸は、〈武士道〉の用例を知らなかったようである。それは新渡戸『武士道』の内容の問題でもある。この書の歴史記述のあまり詳しくなかっただけでなく、そもそも日本の歴史や文化そのものに貧困さについては、早く津田左右吉の書評〈武士道の淵源について〉などによって指摘されており、最近では西義之や太田雄三が厳しく批判している」[2]と述べている。

しかし、こうした明治期に登場する「武士道」論の歴史的信憑性《しんぴょうせい》は、新渡戸の武士道に限られる問題ではない。佐伯は、「歴史的に用いられてきた〈文字の出所〉には関係なく、当時〈普通に汎称〉されている言葉としての〈武士道〉に基づき、その内容としては自分の抱いている武士道徳のイメージを当て、根拠としては古来の逸話を適宜拾い出すという手法は、近代〈武士道〉論が出発点から抱え込んでいたものであった。歴史的根拠が先にあったのではなく、幕末から明治にかけて漠然と形成された通念、あるいは明治時代後半の流行に基づいて、歴史的根拠が探索されたわけである。〈武士道〉の用例を探しあぐねた〈武士道〉論者にとって、やがて訪れる『葉隠』の発見がどんなに喜ばしいものであったか、想像にかたくない」[3]と述べて、明治期に「武士道」が創られていく背景に言及している。

こうした指摘は、「武士道」が可変的なものであり、個々の思想を基準とした新しい「武士道」論が次々に誕生したことを示している。

さて、新渡戸の「武士道」論は日本でも人気を博するが、このことに関し佐伯は、「『武士道』が大好評を博したのはアメリカで発表されたからであり、日本でも好評だったのは、欧米で好評だったからであろう。最初から日本で発表されていたとしたら、西洋嫌いの〈武士道〉論者、〈武士道〉は世界に二つとない日本固有の伝統だと主張していた者たちに、猛反撃をくらっていたかもしれない」[4]と述べており、新渡戸の「武士道」論は、当時の感覚からしても西欧的な価値観を有していると指摘される可能性があった書であった。

事実、新渡戸自身も日本の道徳観を「外人《ママ》に示さん目的なれば、彼等の理解し易き実例と文体を取り、欧米の歴史文学に比較することを勉めしを以て、邦人にして一読せられんか論述の方法固より迂遠視せられん。故に余は今日まで其の和訳を躊躇せしならん」[5]と外国人に読んでもらうことを目的にしているため、和訳を許可しなかったと述べている。

すなわち、新渡戸は、決して日本人に向けて「武士道」を著したのではなく、西欧人に分かるように、西欧規範を念頭に置きながら「武士道」論を展開したのである。つまり、世界に対して、日本が先進国の一員となるべく規範を携えていることを示す目的があったように思われる節がある。その証拠として、新渡戸の『*Bushido: The Soul of Japan*』は、西欧の文明を日本的脈絡になぞらえて紹介する構造で成り立っている。このことは、「武士道」の用例の説明ででてくる人物が、「日本人が二〇名であるのに対して、外国人名は一四〇名を超える」[6]ことからもうかがえる。また、新渡戸も「凡そ歴史上、欧州武士道《シヴァリー》と日本武士道との如くに、酷似せるものあるは甚だ稀なり」[7]と述べているように、騎士道と「武士道」を同義のように考えることができると説明することで、西欧規範を「武士道」として紹介する下地が整えられていた。こうした西欧規範を「武士道」として紹介する論者は、新渡戸に限らず、日本の伝統のように西欧規範を紹介する手法がひしめいていた時代であった。
例えば、新渡戸が編集顧問であった雑誌『実業之日本』にて、衆議院議員濱口擔《たん》は、ケンブリッジ大学での留学経験から「余の実見せる英人の武士的精神」（一九〇八年）を投稿した。また菊池大麓も同年に「余の英国にて感じたる競争上に於ける武士道」[8]を投稿している。菊池の「武士道」論については後述（第三章）する。まず、こうした手法がいかに当たり前になっていたか、濱口の「武士道」論に着目したい。

「余の実見せる英人の武士的精神」

『英人の紳士道《ジェントルマンシップ》と我国の武士道』（引用文の旧字体は常用漢字に修正した。また句読点と送りがなを加えた。）

アイアム、エ、ゼントルマン（我は紳士なり）と言う一語は恰も「天川屋儀兵衛は男で御座る」というのと、同一なる重味ありて、其の裏には虚言を言わぬというとも、高尚なる品性も、公明正大と言う事も、勇気も、礼儀も、不撓不屈の精神も、人倫五常の道も、何も彼も皆な含まれて居るので、英人は「彼はゼントルマンでない」と云るる事が、社会的に死刑の宣告を受くると同様に感じて、只其の後れざらん事のみ力むるのであるが、我国の其の昔、武士の一語に身命を賭けたのと、其の状毫も変りないのである。[9]

ここでは、ジェントルマンシップと「武士道」の同一化が図られている。濱口は、イギリスという当時最高峰の先進国に留学したことで、文化等を体感し、感銘を受けたと思われるジェントルマンシップを理想としている。そこで、イギリス人が重視していた高尚な品性や、公明正大、勇気、礼儀といった徳が、「武士道」の徳であると説明している。佐伯の指摘しているように、イギリスのジェントルマンシップという西欧規範に、あとから日本古来の逸話を持ってくるという手法はここでも見られる。さらに言及すると天川屋儀兵衛は商人であり、本来武士階級の人間ではない。しかし、庶民に人気のある話（赤穂義士）に登場し、赤穂義士

(674)

士魂商才

余の實見せる英人の武士的精神

濱口擔

「英人の紳士道と我國の武士道」

△図１　濱口擔「英人の紳士道と我国の武士道」
『実業之日本』1908年11巻10号
5月1日、24頁

(910)

士魂商才

余の英國にて感じたる競争上に於ける武士道

菊池大麓

英人の武士的競爭法

卑怯未練なる競爭術

競技の上にも英人の武士的精神

△図２　菊池大麓「余の英国にて感じたる競争上に於ける武士道」
実業之日本社、1908年11巻12号
6月15日、20頁

を支援する彼の一言は、濱口からすれば、フェアプレイの精神を持った江戸時代の人間と後付けするのに好都合だったのだろう。

「英人は彼方に向いて居る兎は撃たぬ」

私が英人の気風に関し最も感心するのは、その公平《フェアープレー》ということである。例えば、英人が猟に行く、兎が彼方を向いて伏して居るを見付けても、決して其れを撃たぬ。必ず人が来たということに気が付いて、逃げ出す時でなければ其れを撃たぬのである。

…中略…

此の一例に依て英人が禽獣の小なるものに対しても、尚且つ双方同一の地歩に立ちて、公平《フェアープレー》を為すの用意を見るべく、況んや人事の百般に対しては、一層適切に此の武士道精神《ジエントルマンシップ》を発揮して居るのは云ふまでもなく、誠に美しい事である。

…中略…

我が上杉武田の両将相戦う時も、塩を送って敵の欠乏を慰めたといふ美談もある。…中略…。男らしい気風の致すところで、実に桜花国の武士の精神は此くまで床しい所があったのである。英人が政治、商業其の他に関し戦闘するその態度は、誠に此の如しである[10]。

本箇所では、イギリス人が油断している兎を撃たないという狩猟のスタイルを「フェアプレイ」として紹介している。ここで濱口が啓発したフェアプレイの規範とは、イギリスのスポーツ規範であった。続けて、それは日本人も古来から有していた価値観であると加える。

しかも、それを「武士道精神」であると表現し、ジェントルマンシップのルビを付している。その対比として日本の逸話に、上杉が武田の危機に塩を送ることで窮地を救うという有名な故事をあげているが、佐伯によれば、「現在、これを史実と見る人はほとんどいないだろうし、『武将感状記』自身はこれを美談とせず、信玄が北条や今川と戦っている間に自らが北国を従えようとした深慮遠謀である」[11]と説明している。さらに、「しかしそれでも、卑怯な策略を排し、正々堂々と戦うことをよしとする価値観が、江戸時代前期にはある程度一般的なものとして存在したことが一応認められるのではないか。だが同じ江戸時代前期に読まれた書物である『理尽鈔』に、もしもこの謙信の話が取り上げられたならば、愚の骨頂ともいうべき行為として罵倒されたことは疑いない」[12]と述べている。

上杉と武田の故事の真偽はさておき、重要なことは、江戸時代初期において、武士階級からすればその評価は分かれたようであるが、近代においては美談になる点である（現代でも、上杉と武田の故事は伝説的ながらも敵味方を越えたフェアーな友情の美談として評価されているようにおもう）。濱口からすれば、ジェントルマン階級が理想としたフェアプレイの精神に似通っている話であると同時に、フェアーな美談を引き合いに出すにはこの故事はあまりにも有名で十分すぎる中身であった。

すなわち、「明治武士道」では、西欧規範に類似する武士の故事を探し出し、西欧規範を「武士道」として紹介するのはよくある手法として用いられ、異なるはずの日英文化が歴史的に逆巻きに融合されていく。さらに言えば、この上杉と武田の故事は、新渡戸も『武士道』のなかで紹介している。彼らの川中島の戦いなどから見るライバル関係は「ブルータスの死を惜しむアントニウスとオクタヴィアヌス」[13]の関係に例えられた。塩の故事は、以下のように評価されている。

これは、カルミス（古代ローマの将軍）の言った「ローマ人は金をもって戦わず、鉄を持って戦う」との言葉にも匹敵し、なお余りあるものがある。ニーチェが「汝の敵を誇りとすべし、しからば敵の成功はまた汝の成功なり」と述べたのは、まさしくサムライの心情を語ったといえる。実に勇気と名誉は、ともに価値ある人物のみを平時の友とし、戦場の敵とすべきことを求めている。勇気がこの高さに到達するとき、それは「仁」に近づく[14]

本箇所では、塩の故事は、手放しに賞賛すべき行動であり、批判すべきでない物語へと変換されていた。またニーチェの言葉でサムライの心情を表現するなど、西欧哲学が「武士道」に取り入れられていく様子がありありとみてとれる（この塩の故事を新渡戸はフェアプレイの論理として直接言及（一八九九年）してはいないが、濱口はフェアプレイの含意が込められているとして紹介（一九〇八年）している）。

一連の西欧規範を「武士道」になぞらえ、あたかも史実であったかのように置き換えた結果が「明治武士道」であった。むしろ世の中がそうした修辞を受け入れたからこそ、新渡戸の「武士道」を元来のサムライの価値観とは異なる今日流の日本国民の伝統的規範道徳として定着させる磁場が作り出されたと言えよう。

新渡戸が、フェアプレイという言葉を用いて、「武士道」を説明している箇所も存在する。それは、第一章「BUSHIDO AS AN ETHICAL SYSTEM」(櫻井鷗村訳(一九〇八年版)「武士道の倫理系」)の中にあり、項目の見出しは、「Fair play in Fight !」であった。一九〇八年に初めて和訳された櫻井鷗村訳『武士道』では、フェアプレイの語は、「喧嘩なら堂々とやれ!」[15]と翻訳されている。

一方で、二〇〇五年に刊行された(岬龍一郎訳)『武士道』では、自然に「勇猛果敢なフェア・プレーの精神」[16]とそのまま「フェア・プレイ」のカタカナ表記を残している。

初版の刊行から九年の歳月を経て、はじめて新渡戸が翻訳を許可し、翻訳にあたり、新渡戸も校閲したことから、検討を重ね、時代の語感に馴染む和訳本を出版する必要があったことがうかがわれる。

実際、訳者の櫻井は「博士の此の著たる元、海外読者の為にせり」と前置きをした上で、「世人の或は解知に苦しむものあらんことを憂へ、博士と議り、原文に就きて、多少の修補削減を施したる所あり。而して訳文は悉く博士の校閲を経たりと雖も、文字の積は一に訳者に在り」[17]と述べており、海外読者を念頭において書かれた書の翻訳であるゆえに、苦労が伴ったこと、新渡戸自身の修正や校閲が必要とされた事実が示されている。

それゆえ、新渡戸は、西欧的な中身に見えぬように、『武士道』の翻訳に工夫を施したように思われる。新渡戸のフェアプレイに関する叙述は、英語版も櫻井訳本も共通して、以下に示すように、イギリスの人気小説『トム・ブラウンの学校生活』を引用している。また、その後に続く説明に、「武士道」があてられている。

私たちはイギリスの小説の主人公、トム・ブラウンの「小さな子をけっしていじめず、大きな子から逃げなかった者、という名を後に残したい」という少年らしい願いに、微笑むであろう（まるでそんなことはもう卒業したかのように！）。だが、この願いこそ道徳律の萌芽であり、すべての道徳の壮大な建造物が築かれる礎石といえるであろう。もっとも穏やかで、もっとも平和を愛する宗教でさえ、この願望を認めているといえば、それは言い過ぎであろうか。このトムの願いの上にかの偉大な英国の大半が築かれたのである。そしてこれに優るとも劣らず、わが日本の武士道の土台もけっして小さくないことが、ほどなくわかるだろう[18]

以上のように、主人公トムがパブリックスクールの生活のなかで、エリートとして成長していく物語の土台に、「武士道」をなぞらえ、英国文化と見劣りしないものであることを新渡戸は著書の序盤で印象づけている。またその理由は、この本を読み進めていけば分かるとも述べている。パブリックスクールは、「イギリスに独特なエリート教育のための学校」[19]であり、「集団スポーツを人格陶冶のための有効な教育手段」[20]（アスレティシズム）としていた。

すなわち、新渡戸の『武士道』は、伝統的と考えられてきた「武士道」精神とは異なり、先行研究が批判してきたように、「それまでの歴史からは断絶した、新しい〈武士道〉」[21]であった。そして、新渡戸が言うところの、西欧規範に見劣りしない「武士道」は、日本の故事を新渡戸自身が西欧の価値観に即して解釈し直すことによって成立している。

次に、スポーツ規範でも重視される価値観でもある、武士の美徳のように思われる嘘をつかない、正直であるという徳目に焦点を絞ると、第七章「至誠　真実」（英文 VERACITY OR TRUTHFULNESS）では、「嘘をついたり、ごまかしたりすることは、卑怯者とみなされた。武士は支配者階級にあるだけに、誠であるかどうかの基準を、商人や農民よりも厳しく求められた」として次のように述べている。

「武士の一言」すなわちサムライの言葉は、ドイツ語のリッターヴォルト（Ritterwort）に当たるが、それはこの言葉が真実であることを保障した。…中略…サムライが八百万の神々や自分の刀にかけて誓ったことを私は知っている。…中略…ときには、その言葉を確固たるものにするために文字通り血判を押すという行為もとられた。こうした行為の説明には、読者にゲーテの『ファウスト』を参照にされることを勧める[22]

武士が嘘をつかないという真偽はさて置き、その例として、ゲーテの『ファウスト』を提示するほうが西洋人には分かりやすい。しかし、『ファウスト』は、キリスト教の神と悪魔と人間の話である。それにも関わらず、新渡戸はサムライが、神や刀に誓う行為について『ファウスト』を参照せよと述べている。新渡戸は西欧文学の傑作を日本文化の一部のように紹介した。

新渡戸の「武士道」論をはじめとする西欧論者たちの「武士道」は、西欧規範を日本規範に置き換え、日本にも「文明の精神」が存在することを西欧列強諸国に示すと同時に逆輸入させ、日本人にも古来より西欧的な「文明の精神」に見劣りしない（ほぼ同義の）「武士道」精神を持っていることを知らしめるための装置として機能させたと考えることができよう。

以上のように、西欧論者の「武士道」論は、西欧規範を「武士道」に変換する働きがあった。また「フェアプレイ＝武士道」も同様の構造を通して普及させた可能性が散見された。こうした事実をもとに、スポーツという西欧文化が、どのように「武士道」を包含するものとして置換されていくのかを明らかにしたい。そこで、第二項では、新渡戸の『武士道』が、西欧社会の精神をどのように尊重していたかについて考察する。

第二項　社会ダーウィニズムと「文明の精神」

一九世紀中葉頃から、英国では、近代スポーツによって人格を陶冶するという思想が重視されるようになる。スポーツを通じた人格陶冶として、学校教育の中でアマチュアリズムを中核とするスポーツ教育思想としてのアスレティシズムが尊重された。アマチュアリズムはフェアプレイの精神を重視し、アスレティシズムを通して「男らしさ（マンリネス）」の規範が、ジェントルマンの素養として啓発された。こうした精神は、英国のパブリックスクールの教育システムによって確立され、英国内にとどまらず、世界中に広がった。例えば、よく知られているように、近代オリンピックの創始者、ピエール・ド・クーベルタンはアマチュアリズムを含む「オリンピックの国際主義的性格を主張」し、「オリンピック理念を普及させ、その啓蒙の光を広める」[23]ために、世界各地でオリンピックを開催する。その際に、英国のパブリックスクールで用いられていたスポーツ教育思想をオリンピックの理想に反映させたと言われている。

繰り返しになるが、新渡戸が最初に『武士道』を出版したのはアメリカであった。当時の日本は西欧列強諸国からの侵略に備えた近代化が急務の課題であった。日本は、日英同盟の締結や西欧の社会システムや西欧式軍隊を取り入れつつ、近代国民国家の確立に向けて整備を進めていく。このときに西欧思想の吸収も重要な役割を果たした。W. G. Beasley（以下ビーズリーと略す）は『*The Rise of Modern Japan*』の中で、日本の近代国民国家の形成に関して、福沢諭吉を引用しながら、「西欧規範の啓発と文化的保守主義 Enlightenment and Cultural Conservatism」の関係について以下のように説明している。

日本は中国やトルコと同様に、社会ダーウィニズム主義者の言うところの准文明国に位置づけられており、それゆえ、（文学、芸術、商業あるいは産業において、重大なることから些末なことに至るまで）、西欧諸国に劣っていると認識されている。加えて、次なる高次の進化を遂げるためには、単なる産業や軍隊の強化ではなく、日本国は「文明の精神」を獲得する必要がある[24]。

この目的を達成するために、（商業の鉄則として過去の慣習への盲従から決別すること）を福沢は主張する。とりわけ、ここでは絶対主義的で権威主義的な儒教のことを指している。なぜならば、これらは中国の伝統であり、彼が思うに、それらの放棄は日本の土着の文化の拒絶につながらない、むしろ中国的要素をより優れた西欧的要素に置き換えるだけのことである。儒教的教訓に従う専制的な権力は、支配者が家来に、親が子に、夫が妻に対し行使してきたものであり、適切に定義されるところの文明というものとは、相いれないものであると彼は確信していた[25]。

ビーズリーは、明治期に上記のような立場をとった人物として、福沢諭吉と徳富蘇峰といった人物の名を挙げ、「文明の精神」を獲得するために、これまでの慣習を西欧の慣習に置き換える必要があったことに触れている。それゆえ、新渡戸の『武士道』も「文明の精神」を啓発する上で、同様の構造を有していたと考えられる。また、新渡戸が福沢を尊敬していたことは有名であり、新渡戸稲造著『西洋の事情と思想』は、福沢諭吉の『西欧事情』が念頭にあったと鈴木範久は述べている[26]。さらに、岬は『武士道』が「アメリカ、イギリス、ドイツ、ポーランド、ノルウェー、フランス、中国でも出版され、いちはやく世界的な大ベストセラーと」なった理由について、「『武士道』は、人間としてかく在るべきという道徳規範の本であり、たとえ国や民族が違っても、人が健全なる社会を築き、美しく生きようとするときの〝人の倫〟に変わりはなかった」[27]ためであると分析している。『武士道』の「人の倫」とは、英国精神の拡大にみられように、コスモポリタン的特徴を持ち、当時の時代の精神と合致するものであったと考えられる。

実際、新渡戸の『武士道』には、近代国民国家の思想を紹介する場面が存在する。例えば、ハーバート・スペンサーについては複数に渡って引用された。

イギリスの哲学者であるスペンサーの思想は近代国民国家形成に影響を与えた。彼は、よく知られる「mens sana in corpore sano. すなわち、〈健全な精神は健全なる身体にやどる〉」[28]を時代の流儀に基づいて解釈した。村岡によれば、この思想は一八三〇年代には見られないが、一八六〇年代にはいたるところに登場する言葉であるという[29]。E・バーガーによると、「社会有機体の思想を採ったものの、その思想を多少の矛盾はあるが〈人間対国家〉の対立に分解し、個人に対して極度の自由を主張した。他方、良質と悪質の遺伝説に影響された、以後の生物主義者は、国家の力を借りて自然淘汰を促進し、かくして社会主義者が経済についてするように、優勢術を政治的統制の手段にしようとしているかに見える」[30]という。このようにスペンサーは、社会ダーウィニズム思想にたつものであったとされている。

新渡戸の「武士道」論においては、たとえば、茶道を奨めながらもスペンサーが述べた「優美とはもっとも無駄のない動き」[31]を引用する。新渡戸は「礼」とは、「礼」よりも高位の「徳」と関係しており、「徳」を高めるために必要な要素であると述べている。

「忠義」の項目では、「スペンサーの見解によれば、政治的服従、すなわち、忠義は、過渡的な機能を与えられたにすぎないことになる」[32]と説明している。このスペンサーの思想は帝国主義的理念と関連し、帝国主義時代の「文明の精神」を説くものであった。新渡戸の「武士道」論は、一九世紀中葉以降に登場した西欧哲学をも日本の伝統的な文化にあるものと紹介するのである。その際、スペンサーの言う軍事社会と産業社会の段階的発展を、日本社会にあてはめ、その学説を支持している。

新渡戸はフランスの歴史家であり政治家であったギゾーとスペンサーの学説を共に正しいとし、「スペンサーは軍事社会においては、女性の地位は必然的に低く、社会がより産業化されて初めてその地位が改善される」[33]と述べている。その理由を以下のように説明した。

日本の武士階級は約二百万人の武士に限られていた。その上に軍事貴族ともいうべき「大名」と、宮廷貴族である「公家」がいたが、これらの身分の高い有閑貴族たちは名ばかりの武士だった。そして武士の下に農・工・商の一般大衆がいて、平和的な仕事にいそしんでいた。したがってハーバート・スペンサーが軍事社会の特徴として示したのは、もっぱら武士階級に限られていたといってよいだろう。一方、産業社会の特徴はそれら上層と下層にあてはまった。このことは女性の地位をみるとよくわかる。というのも、女性の自由が制限されたのは武士階級だけであったからである。不思議なことに、社会階級が低くなればなるほど、たとえば職人の世界では、夫と妻の立場はより平等だった。…中略…スペンサーの学説は、かつての日本において十分に例証される[34]。

新渡戸は、スペンサーの言う近代国民国家論は日本にも当てはまると説明する事で、日本は文明をもった国家であると主張した。スペンサーのいう軍事社会の構造は、武士階級を指し、産業社会は「士」を除いた「農工商」が担っていた構造であったという。

新渡戸は「文明の精神」の根拠をスペンサーのみに求めない。一九世紀の英国の哲学者ミルやベンサム、「英雄国家」を唱えたカーライル、経済学者マルクス、十八世紀の哲学者バークリー、プラトン、ソクラテス、ニーチエ、アリストテレス、シェークスピア、トーマス・モブレーといった哲学者、作家、詩人、芸術家をはじめ、数多くの西洋人知識者が登場する。それらは、決して日本の文化規範ではなく、西欧の「文明の精神」を伝えるための叙述であったことが分かる。

このことは、新渡戸が、学生時代に「日本の思想を外国に伝へ、外国の思想を日本に普及する媒酌になりたいのです」[35]と述べているように、『武士道』の目的の一つに、「文明の精神」を日本に普及させることにあったと考えられる。新渡戸の言う「太平洋の橋」とは、西欧思想を日本へ伝えることを意味した。しかも、上述したように、こうした傾向は、世界的潮流のひとつに過ぎない。とりわけ、スポーツ教育によってもたらされた人格陶冶は英国的スポーツの拡大と併行した。この現象は、英国から世界に拡大したスポーツがもたらした「時代の精神」の伝播に他ならない。事実、中国でも社会ダーウィニズムの広がりが見られ、体育教育を通して人格形成がなされると考えられるようになった[36]。また、入江克己が指摘しているように、「こうした社会ダーウィニズムを縫合する論理は、なにも社会教育学だけに属するものではなく、明治後期の帝国主義的な世界観に共通するものであった」[37]とし、浮田和民の帝国主義的教育論を例示している。

新渡戸の活動は、『武士道』の刊行以降、ますます盛んになっていく。第二節では、新渡戸とともに「文明の精神」を啓発した実業之日本社の果たした役割について述べていきたい。

註

1）菅野によれば、明治の半ばを過ぎたころから、言論の世界のなかで「武士道」という言葉が大流行したという。武士はすでになく、自らも武士ではないのにもかかわらず、自分たちの思想は「武士道」であると唱えるものたちが、ひきも切らずにあらわれてくる。この現象と思想を「明治武士道」と呼んだ。（菅野覚明『武士道の逆襲』講談社現代新書、二〇〇四年、二三二頁。）

2）佐伯真一『戦場の精神史武士道という幻影』NHKブックス、二〇〇四年、二五五頁。

（3）同上、二五九頁。
（4）同上、二六三頁。
（5）新渡戸稲造「序」山方香峰『新武士道』実業之日本社、一九〇八年、一頁。
（6）佐伯、前掲書、二六二頁。
（7）櫻井鷗村訳　新渡戸稲造『武士道』丁未出版、一九〇八年、二三九頁。
（8）菊池大麓「余の英国にて感じたる競争上に於ける武士道」『実業之日本』第一一巻一三号、実業之日本社、一九〇八年六月一五日号、二〇―二二頁。雑誌の目次にあるタイトルは「余の見たる英国学生及商人の武士道」とあるが、本文のタイトルは「余の英国にて感じたる競争上に於ける武士道」となっている。本文の冒頭小見出しが「英人の武士的競争法」となっているため、本文のタイトルを採用した。
（9）濱口擔「英人の紳士道と我国の武士道」『実業之日本』第一一巻一〇号、一九〇八年五月一日号、二四―二五頁。※濱口の名は「檐」の文字を示すものもあるが、本稿は『実業之友社』（一九〇八）と明治四五年の衆議院議員総選挙一覧にある漢字表記に倣った。
（10）同上、二五頁。
（11）佐伯、前掲書、一七五頁。
（12）同上。
（13）岬隆一郎訳新渡戸稲造『いま、拠って立つべき〝日本の精神〟武士道』ＰＨＰ文庫、二〇〇五年、四八頁。
（14）同上、四八―四九頁。
（15）櫻井訳、前掲書、一一頁。
（16）岬、前掲書、二三頁。
（17）櫻井鷗村「訳序」、前掲書、一六頁。
（18）岬、前掲書、二二―二三頁。
（19）村岡健次「「アスレティシズム」とジェントルマン―一九世紀のパブリック・スクールにおける集団スポーツについて―」村岡健次、鈴木利章、川北稔編『ジェントルマン・その周辺とイギリス近代』ミネルヴァ書房、一九八七年、二二九頁。
20）同上、二二八頁。
21）佐伯、前掲書、二五三頁。
22）岬、前掲書、七五頁。
23）アレン・グットマン（谷川稔・石井昌幸・池田恵子・石井芳枝訳）『スポーツと帝国―近代スポーツと文化帝国主義―』昭和堂、一九九七年、一四四―一四五頁。
24）W. G. Beasley, *The Rise of Modern Japan*, Tokyo: Charles E. Tuttle Company, 1990, pp.96-101.
25）同上。
26）鈴木範久編『新渡戸稲造論集』岩波書店、二〇〇七年、三三六頁。
27）岬、前掲書、二〇七頁。
28）村岡、前掲書、二四九頁。
29）同上。
30）堀豊彦訳 E・バーガー『イギリス政治思想Ⅳ―H・スペンサーから一九一四年―』岩波書店、一九五四年、七頁。
31）岬、前掲書、六六頁。
32）同上、一〇〇頁。
33）同上、一五六頁。
34）同上、一五八頁。
35）鈴木、前掲書、三三三頁。
36）Peter Alter, *Nationalism*, London, New York, Melbourne and Auckland: Edward Arnold, 1989（1994）, pp.23-25.
37）入江克己『日本近代体育の思想構造』明石書店、一九八八年、二〇四頁。

第二節　新渡戸稲造と増田義一にみる「武士道」の普及過程

新渡戸稲造の啓発活動は多岐に渡った。彼は教育者であり、学者、評論家、外交官、役人など様々な経歴を有する。鈴木範久は、「職業となると、やはり一言で決めがたい」とし、また新渡戸は「『武士道』以外、どういう考えの持ち主であったかとなると、ほとんど知られていないのが実情である」[1]と述べている。そこで、第二節では前節を踏まえ、彼の『武士道』から始まる「文明の精神」の啓発活動について考察する。特に、第一高等学校校長時代と同時期に執筆活動の場としていた実業之日本社編集顧問時代に注目する。前者については第三章にて論じる。第二節では、新渡戸と実業之日本社及び同社社長である増田義一の啓発活動に着目する。両者の共通点は、西欧文明を日本文化に包摂する形で「文明の精神」を啓発した点にある。

第一項　実業之日本社が果たした役割

実業之日本社は、現在にも続く出版社であるが、これまであまり歴史資料として注目されてこなかった。同社の詳細な研究は、近年、馬静によってなされている。馬自身、「これまでの研究や著作において、『実業之日本』と実業之日本社はほとんど評価されていない。というよりは、ほとんどそれらの対象となっていない」[2]と指摘している。しかし、同社の雑誌は、明治期から大正期にかけて販売数を伸ばした。一九〇七年に開かれた『実業之日本』創刊一〇周年記念園遊会では、「政界・経済界・

教育界・学会など七〇〇人を越える著名人が参加した。…中略…実業之日本社が確固たる地位を築いたということを示す歴史的な出来事でもあった」[3]ように、同社は確かな社会的影響力を有していた。同社の影響力や発展の過程については、馬によって明らかにされた。そこで、以下では馬の研究に基づき、同社の発展とその影響力について触れておきたい。

実業之日本社の発展のきっかけは、アンドリュー・カーネギーの『実業の帝国』（小池靖一訳、一九〇二年）を出版したことにあった。この書が、『東京日日新聞』、『東京朝日新聞』、『大阪朝日新聞』、『大阪毎日新聞』、『時事新報』といった主要新聞で紹介されたことで、「実業」という言葉の普遍化につながり、同時に「実業之日本社」が社会的に認知されることになった[4]。

次なる発展は、雑誌『実業之日本』の初の臨時増大号として『成功大観』（一九〇三年）を世に送り出したことにある。初版は完売し、再版に再販を重ねても、ただちに売り切れる状態であった。この『成功大観』は、雑誌『実業之日本』が「確立期の日本の資本主義の担い手とすることを目指すものであり、それによって日本社会の発展、ひいては国家の発展を期すこと」に定めたという[5]。こうした実業之日本社の動きは雑誌『太陽』、『中央公論』も後追いし、雑誌のコラムに「成功」の欄を追加した。「当時の人々は、近代社会の一定の展開の中で、新しい出口を求めていた。そのような時に〈成功〉という言葉が突如として湧き出てきて、それが一つの導きの糸となり、皆が〈成功！〉〈成功！〉と叫ぶように」[6]なった。また「成功」が突出したキャッチフレーズとなり、青年読者をとりこにしたと言われている。このようにして、実業之日本社は雑誌界、民衆に影響を与えながらその地位を確固たるものにしていく。馬は、「結果から言えば、〈成功〉はこの時期に、『実業之日本』によって〝発明された〃（ホブズボウム）ものといえる」[7]と述べ、さらに、他雑誌との差異は「『実業之日本』は〈品性〉の大切さも論じていた」[8]と説明している。このことは、この雑誌が「文明の精神」の伝達装置としての役割を果たしていたことを物語っている。

日露戦争後に同社はさらなる発展期を迎える。それは雑誌『婦人世界』の拡大によるものであった。一九〇六年に発行された『婦人世界』の執筆人には、大隈重信、与謝野晶子といった著名人が名を連ねている。『婦人世界』は最高発行部数三一万部、平均発行部数一〇万部という驚異的な数字を残した。『婦人世界』を皮切りに、各出版社が『婦人之友』（一九〇八年）、『婦女界』（一九一〇年）、『婦人公論』（一九一六年）などの女性誌を刊行していく。このような「婦人雑誌」の刊行が後に続いたことを考えると、実業之日本社による『婦人世界』が果たした役割は明らかである。こうして実業之日本社は一九〇七年には、全国の雑誌の中でも発行部数において最上位をしめるようになった[9]。同時に、『実業之日本』は社会一般への影響にとどまらず、他雑誌の刊行にも影響力を持った。

しかも、実業之日本社を語る上で、新渡戸稲造のかかわりは無視できない。新渡戸と実業之日本社との最初の出会いは、新渡戸が農学者として雑誌『実業之日本』に投稿したことにあった。そして、一九〇八年から第一高等学校校長として中間層にむけて「修養」について論じる。同誌に第二稿として「新時代に処する実業家の武士道」を執筆して以来、毎号投稿した。しかし、この新渡戸の「通俗雑誌」への投稿には、吉野作造をはじめ各方面から強い批判の声があがったという。これに対して、新渡戸は「日本の現状に鑑み、最も大切なのは大衆教育だ。……聞けば工員達が一番読んでいる雑誌は『実業之日本』だということだ……これ自分が増田社長の要望に応じて執筆を決心した」[10]と反論している。やがて、吉野も後年、同雑誌に投稿するようになる。

新渡戸と同雑誌の縁は、一九〇八年に社長増田義一が、編集顧問に就任して欲しいと申し出たことにある。二人にとって「道徳観を養うことが肝要」であるということが共通した考えであった。新渡戸は、増田が「どのような階級に属する若者であっても、彼等が人生の目標を見出し、社会のよき担い手となるように手助けし、それによって将来強力な国家を作り上げることができると考えていた」と評価している[11)]。新渡戸と増田は「強力な国家」形成に関心を寄せ、世界から文明国とみなされるために、国民を成長させることを雑誌刊行の目的としていた。「強力な国家」を創る上で重視された「文明の精神」のひとつに、英国流「アスレティシズム」に基づくスポーツを通じた教育があり、この思想を後押しした潮流が社会ダーウィニズムであったことはこれまで述べてきたとおりである。

新渡戸は、国家に「文明の精神」を啓発していく上で同様の価値観を持ち、また増田がその力に長けていると判断した。詳しくは後述するが、増田は、「新士道」論を啓発し、新渡戸は、大衆に向けて「修養」を説き、民衆や経済界に向けて「武士道」論を啓発していく。

以上を踏まえると、同社の活動は、新渡戸の「武士道」論を考察する上で重要である。また増田義一に注目することで、同社が社会に与えた影響、『武士道』の刊行以後に彼らがどのような「文明の精神」を普遍化させようとしたのかが明らかになる。

第二項　新渡戸稲造の「修養」と伝道活動

本項では、新渡戸の啓発活動を検証する。彼は、エリート学校の教育者でありながらも、実業之日本社の下で経済界と一般大衆に向けて「文明の精神」を啓発した。その中身を検討する事で、彼の理想とした国民のあり方を明らかにする。

実業之日本社と新渡戸の関係は前節で示したとおりであるが、新渡戸は実業之日本社の顧問に就任することになった理由を以下のように語っている。新渡戸は、当初編集顧問の仕事を断っていたが、増田と何度か面会し、「社の主義方針等を聞き、僕が平素懐抱していた主義と相一致する」[12]ためだと述べた。そして、なぜ同社の顧問になったかを五項目に分けて本誌で説明した。以下にその五つの理由を示す（本文にてフォントの大きさをかえて強調されている部分については、太字にて示した）。

（一）中学校を中退したものや登校できなかった青年に教育する事が重要である。しかし、現在学校以外で、青年教育する機会がない。学問を修めることのできなかった人に学識と徳藻を涵養させる機関もない。『実業之日本』は、発行部数が八万を越え、一部を三人が通読すれば、二四万人が読むことになる。**読者の範囲の広さはこれでわかる。**事実、以前書いた記事に手紙を寄越したものが非常に多いし、八百屋の丁稚から医学生まで幅広くきた。**『実業之日本』はすでに社会教育を行なっていた。僕が今回顧問となったのも、この雑誌を通して、学問のない人に学問を与え、煩悶している人に、慰安を与えたいためである。**

（二）専門の研究を公にする雑誌は相当にある。しかし、学者は卑近のことをいうと俗化すると言って喜ばない。俗人は分からないようなことを言われると高尚だと言って喜ぶ。これでは意味がない。高尚な説も卑近にして何人にも解り何人にも味わえるようにしなければならない。『実業之日本』は**高尚なことを説かないで、卑近な何人にも解り易く、又何人も知らなければならないことを説いている。**

（三）日本の諺に猫に小判というのがある。西欧にも豚の前に真珠という諺がある。如何に立派なものでも使うことができなければ、何の価値も無い。だが、『実業之日本』の読者は真面目に読んでくれるらしい。批評的に中傷的にしないで、満腹の信用を持って読んでくれるらしい。僕の所にくる手紙はこれを証拠だててくれる。また読者が知識は別として真面目である。更に熱烈な感情で読んでくれるらしい。**『実業之日本』の読者は多いというが、多い上に尚こういう人がいるということは、僕の感激せざるを得ないところである。**

増田君は僕のところにきて「読者があまりに真面目なのでギビ《ママ》が悪くなった。関心するばかりでなく、一種の宗教のように信仰しているものもいる」や「実業之日本を読んで発奮して成功したもの」、「自殺を思いとどまったもの」などの話をした。僕も読者から受け取った手紙をみても、この話はもっともらしく思える。このような真面目な読者がいて、僕のようなものの話を精読してくれようとする人がいるならば、僕も及ぶべきことをしようと思った。

（四）例えば、哲学は高尚な学問である。しかし、それを人生日常の事物に応用するのは実業である。『実業之日本』は高尚な原理は説いていない。また実業上の技術に関する精密なことを論じていない。しかし、実業に従事する人が心得ていかなければならないことを卑近に説いている。説は卑近である。しかし、それは原理を説いたもので之を行なえば国も富めば個人も富むものである。日本が重大な負債を有する今日（日露戦争による負債）、僕は実業家の修養を説いて国富の増進に努めている同誌により、我国実業の健全な発達を切望するものである。

（五）（新渡戸は増田と新聞雑誌に対する考え方が同じ方向を向いていた）新聞雑誌を卑しいものと考え、新渡戸の校長職などの品格を貶めると忠告する友人もいた。しかし、増田は「いや、我々はその考えを一転させたいのである。記者の事業の賤しむべからざると」とし、雑誌刊行は「金儲けのためでない。金儲けをしたいなら他に多くの簡単な方法がある」、「我々は雑誌を編集するに自己の利益の念はない。読者の利益を願っている」と述べたという。新渡戸は「利益を第一の目的としないで事業を目的とすることは、僕の同感とする所である」と説明した[13]。

以上が、新渡戸が顧問に就任した理由であった。読者の啓発という目的が増田と一致し、『実業之日本』という明治後期から大正にかけて日本で最大の読者層を有した雑誌が最適であるとした。こうした面からも雑誌『実業之日本』は、「文明の精神」を伝達し、社会的エリート及び中間層を啓発する上で格好のジャーナリズムであったといえる。

新渡戸の就任記事の次号（一月一五日号）には、著名人からの声が掲載された。

早稲田大学教授浮田和民は、「私の最も喜ばしく感ずるのは、博士の力によって、我実業社会に武士道的精神を注入せらるる」[14]ことであるとし、昔の武士は勝つために嘘をついてよいという風習であったが、これは世界では通じない。日本の商人は見本と違う品を売りつけるなどの現状を嘆き、嘘をつかず、挙国一致して時間を守り、信用を尊ぶことが「世界的武士道」であると述べた。そして、「幸いにも新渡戸博士は日本の武士道にも精通し、西洋の武士道は特に深く研究せられており、西洋の文明の根本たるキリスト教の精神をも十分理解しているから、日本の武士道の欠点をうまく補い調和させて世界的武士道とし、それを実業社会に注入して欲しい」[15]と期待をこめた。浮田の教育思想とは、「帝国主義の外交政策を行なうに先んじ、帝国主義の教育を施さざる可からずとは吾人の宿論なり。蓋し帝国主義とて、別に普通の教育と全然異なるものにあるべきに非ず。要唯教育の主義方針を遠大にして、個人的にも、社会的にも、将た国家的にも、世界的生存競争に適合すべき人民を養成するにあるのみ」[16]と、社会ダーウィニズム論にたつものであった。入江克己は、浮田の体育論について「帝国主義的競争の勝敗を決定する根本的な条件が身体の健康にあるとみて、〈生存の義務を以て倫理の大本となすときは、国民教育の第一義は体育及び衛生にあることを知る可し〉と述べて」[17]いたとした。これらを通して、浮田の社会ダーウィニズム論を、「スペンサーの体育論を援用しながら、〈人生における成功の第一要件は善良なる動物たるに在り。而して善良なる動物の国民となる国民的繁盛も第一条件なりとす。戦争の事変が、しばしば兵卒の体力及び強硬によりて勝敗の運を転ずるのみならず、商業の競争も半ば生産者の肉体的忍耐によりて決せらるるなり〉と言っており、この独善的な倫理には、帝国主義的な膨張政策の対象として抑圧される他民族や国家に対する認識は、完全に欠落してしまっている。こうした論理は、昭和二〇年八月一五日の終戦を迎えるまでさまざまな体育論に潜在している」[18]と指摘した。

浮田の社会ダーウィニズム論は、体育とは国家戦争や商業競争にとって重要なものであり、新渡戸の同雑誌での後押しをする事は、自明であった。また、このことは同時に、新渡戸の啓発する中身が、社会ダーウィニズム論を後押しするものであったことを意味している。

徳富蘇峰も「新渡戸を〈天下の逸品〉と褒め、第一高等学校校長の現職を辞し全身を実業之日本社に投じて貰いたい」[19]と述べた。それは、「博士にして既に自ら進んで社会教育に力を尽さんと決心して、『実業之日本』の編集顧問にまで歩を進めた以上は更に断然現職を捨て、寧ろその全身を此新方面に投ぜられんことを希望したい」[20]ためであった。このように新渡戸が編集顧問に就任した事実は、著名人が注目しただけでなく、『読売新聞』、『東京日日新聞』、『日本新聞』、『報知新聞』といった全国規模の新聞によって報じられ、全国的に注目された。

しかも、ここで徳富の名が登場するのは偶然ではないように思われる。ビーズリーが指摘しているように、国民新聞社長主筆の徳富は、明治期に、日本国民が「文明の精神」を獲得する必要があると考えていた一人であった。彼が、新渡戸の文筆活動を評価したのは、新渡戸が社会に向けて「文明の精神」を啓発していたためであると考えられる。そして、日本が先進国にならなければならないと考えていた徳富は、「文明の精神」を世に広めるためには、校長という立場よりも大衆雑誌を通じたメディアを用いる方が、効果的であると考えていたことを物語っていよう。

また、浮田も「世界的武士道」の啓発を期待した。「世界的武士道」とは、キリスト教を基調とした西欧社会における常識を意味しており、新渡戸の活動が、「文明の精神」の啓発にあったことを裏づけている。これは、クーベルタンが、この時期に近代オリンピックの創始において、最も強調した特性と一致している[21]。

一九〇八年以降の新渡戸稲造の「武士道」論

新渡戸は、実業之日本社の編集顧問になると同誌にほぼ毎号執筆するようになる。その皮切りが、一九〇八年五月一五日号「新時代に処する実業家の武士道」であった。本記事は西欧社会の規範を「武士道」に置きかえて紹介するという体裁のものであった。


「廉恥と英語のオノアー」（オノアーは英単語の「Honour」であり、名誉を意味する。）

我が武士道とは、意味の頗る広い言葉であるが、約むると廉恥の一言に帰すると思う。体面を重んじ恥を知ることは、古の武士が最も意を用いた所で、若し其の体面を重ずることが出来ず、其の廉恥を傷つけられることがあれば、切腹をして申訳をする。彼等には『死』ということよりも其の体面ということが大切であったのである。

英語にオノアーという語がある。日本では名誉と訳して居るから妙に響くけれども、是は日本でいう廉恥である。ただ廉恥といえば消極的であるが、オノアーといえば積極的の様に思わるる。こうすれば、武士の体面を汚しはせぬか、ああすれば武士としての責任を空うすることはないか。常に積極的に廉恥を傷つけはせぬかとのみ思う。

英語のオノアーということが、こうすれば紳士の体面を保つことが出来る、ああすればオノアーを高むるという風に、常に積極的に人の行為を奨める様であるのと少し異う。
…中略…
武士道が不正をするな、廉恥を傷くる勿れとまで云ったが、一歩進めて善いことを行えといわなかったことは如何にも残念である[22]

新渡戸は、日本の「武士道」における「廉恥」とジェントルマンシップの「Honour」の差異を示した。武士は名誉を守るために行動し、西欧では、名誉を高めるために行動するというものである。新渡戸は、後者の名誉を高めるための積極的な行動を推奨した。

新渡戸にとって理想の「武士道」とは、「武張った徳で堅苦しい所がある Stern Virtue」という厳格な美徳ではなく、「Gentle Virtue」にあった。この紳士的な美徳を、「武士道の精華はここにあることと思う」と述べ、西欧の行動規範が「武士道」の理想であるとして啓発した。

このジェントルマンの素養こそ、新渡戸の啓発したい「文明の精神」であったと言えよう。続けて、「相見互」について言及している。新渡戸は、武士には「義のためには敵でも尚これを許す」という美しい精神があったという。しかし、現状をみれば、「華族連中でも随分不正な事もある」とし、「之を濫用しお互いに不正を隠しあうようになってはならぬ」と正直な心を持つように啓発する。

また、自身の経験から、商売敵といえども陰口をいうことは汚いことだと説明し、争いは堂々とせよ、陰口は卑怯であると教える。その経験談は以下のようなものであった。

新渡戸が、理髪店に入ると店主から、あなたは前に庄治の店で散髪されましたね、と尋ねられた。新渡戸は感心したという。さすが商売柄、一目でわかるものだと。なぜ分かったか理由を問うと、店主の答えは「段々がついていていますもの」だった。新渡戸はもうこの理髪所に行きたくなくなった。なぜならば、腕で勝てないから口で貶めるのは卑怯であるからだ。新渡戸が理想とした返答は「流石に庄治です。上手なものです。私も奮発して彼位に成りましょう」[23]であった。この体験談から、新渡戸は、「善を以て競争するがよい」と説明しており、正々堂々と戦うフェアプレイの精神を想起させるものがある。これこそが、「Gentle Virtue」であり、「武士道の精華はここにあることと思う」姿であろうと述べた。

新渡戸は、近代国民国家の一員としてどうあるべきかを「武士道」や「修養」、「平民道（デモクラシー）」という言葉を用いながら、一九一九年まで実業之日本社で執筆活動を展開する。一九二〇年（—一九二六年まで）からは、国際連盟事務次長として国際舞台で活躍するに至る。

新渡戸は、自著『修養』（一九一一年刊行）の中で、西欧人の学者によれば、文明とは精力の貯蓄であるとして、次のように説明している。「野蛮人には余裕もなければ貯蓄もない」[24]。次いで、彼は「第八章　貯蓄」にて、文明人としてのあり方を説く。「人が貯蓄を始めるのは、一にはその人に先見の明があるや否や」を判断できるからであるという。新渡戸が言う貯蓄とは、「後日の不足を補う為に、予め貯蓄する」[25]ことであるという。すなわち、「スペンサーが言った如く、知能の発展は時間と空間に適応するものである。知能の程度が低ければ低きほど、時間に関する思想が短く、又場所に関する思想が狭い」[26]にあたる。子供も距離と空間理解によって成長するとし、貯蓄の概念を理解するに等しいと述べ、公言どおり、子供の成長という分かりやすい例を提示している。

さらに、「日本人と西洋人との間に非常に差異があることは、仕事をするに、この次は何、この次は何と、計画を立てると否にある」[27]と述べ、西欧合理主義に言及している。そして、質素倹約、禁欲主義を含蓄する貯蓄の概念から「文明の精神」を説明した。新渡戸はどう行動すべきか、どう考えるべきかを解り易く説明していく。新渡戸は貯蓄の概念と「文明の精神」について以下のように述べた。「人には三段の種類がある。第一は余力あれば直ちに総てこれを濫用するもので、これ即ち最も劣等な徒である。第二は濫用することをおそれて、なるべく余力ない様にし、不足なるを喜ぶもの、これは中等の人」。「第三は、余力あれば尚更節度を守り、今日必要でないものは、他人或は後日のために之を貯蓄するもの、これは最上である」とし、「ここに達せない国民は、たとえ戦争に強くとも、永遠に強国として世界に誇ることは出来ぬ」[28]のである。すなわち、西洋の常識を身につけねば、日清・日露戦争に勝とうとも、文明国家として認知されないことを新渡戸は強調する。では何を貯蓄するのか。新渡戸は「金銭、体力、知識、精神的勢力」[29]を挙げる。

「金銭の貯蓄」

「日本人は概して金銭の貯蓄をけなし」たがり、「金銭を貯蓄しているといえば、如何にも小心な、意気地なしの如く推量」する。一方で、「乱費する者は、大胆で、偉い人の如く、人も褒めれば自分もその風にする」。しかし、「兵糧の続く間は、大言壮語して豪傑らしく振舞うが、一朝病気に罹るとか、不時の出来事で金の要ることが出来ると、今までの英雄豪傑がペタとなって仕舞う。その醜態は見られた様ではない」と批判した。新渡戸は、先見の明なく豪傑を気取り、ただ浪費し、貯蓄をしない行為は恥ずかしいことであると貯蓄の概念について教えている[30]。

「体力の貯蓄」

健康の概念については、「体力の貯蓄」という言葉を用いて、近代的な健康の概念の普及について言及した。

「青年の中には一時の元気に任せて、蛍雪の苦を積むなどいって、乱暴な勉強をするものがある。粗食で、薄暗い燈下の下で、終日終夜詰めきりで勉強するものがある。その精神は誠に関心すべきであるが、之が為に体力を乱費し、他日之を利用せんとする大切な時に至って、役に立たなくなるものが、世間その例に乏しくない」[31]と、健康について教える。新渡戸は健康を保持するために、「適度に運動し、冷水を浴びる等、普通に健康を保つに必要なる衛生上の規則を守らねばならない」[32]と注意することで、運動や健康、衛生といった明治以降に西欧から輸入した近代的な知識を新渡戸は啓発した。

新渡戸の『修養』は、誰にでも解り易く読めるように、難しい言葉はなるべく用いず、語り口調で体験談などを用いながら「修養」を説明している。「修養」とは「武士道」と同様に、新渡戸が理想とする若者の生き方や精神を啓発する中身である。これまで述べてきたように、新渡戸は「太平洋の橋」となることで、外国の文化を日本に伝えることを目的の一つとしていた。新渡戸は、西欧社会の「文明の精神」を日本人に広め、国家を成長させようとした一人である。『修養』もまた、『実業之日本』を通して、近代国民国家の国民としてのあり方を説くものであった。

次に、新渡戸と同じ志を持ち、新渡戸とともに啓発活動に努めた増田義一に着目する。

第三項　増田義一の「新士道」論

本項では、英国規範がどのようにして普及したのかを、増田義一の『実業之日本』を通して検討していきたい。

増田は実業之日本社社長であり、同社の社会的影響力は前述した通りであるが、これまで着目されてこなかった。しかし、新渡戸は増田を評価し、共に啓発活動に努めた。また、大隈重信も増田の理解者であった。大隈は早稲田卒の増田の成功を喜び、実業之日本社の催す種々の記念行事、講演会などにも率先して後援するなど、深い理解と援助を惜しまなかった。大隈自身が増田との関係を「吾人の朋友」と述べており、その両者の深い関係をみることができる。また大隈は、『実業之日本』を早稲田精神の伝播者であると評価している。早稲田大学は立憲的国民を養成し、国民の模範となるべき人材を養成し、国の文明を高め、富を増進し、国民道徳を高めるということを趣旨目的として教育事業に務めているが、実業界に奮闘努力する『実業之日本』は実業家を拵えようとする早稲田精神と一致しており、実業之日本社は経済的、実業的の両面において早稲田精神の伝播者、伝教者であるという。

増田は一九一二年に国民党より出馬し、衆議院議員に当選する。増田の政治活動は詳しくは不明であるが、馬によると、敬慕していた大隈重信を政治の表舞台でも裏でも支え続けた。一九一四年には、早大総長高田早苗と西洋諸国に周遊に赴いている。モスクワ、ドイツ、イギリス、フランス、イタリアで遊学していたようであるが、第一次世界大戦勃発の危機を知るとイギリスからアメリカに渡った。イギリスでは、英国議会を傍聴し、感銘を受けたことが自著『思想善導の基準』（一九二一年刊行）に記載されている。渡米すると九月二八日に大統領ウイルソン（当時）を訪れ、その二日後に野口英世と面会している。こうして七ケ月にわたる遊学を終えた。日本に戻ると、国民党と大隈内閣の間で論争になった師団増設問題が生じていた。増田は大隈への恩義と政党に板ばさみになりいったんは政界を引退した。この時増田は引退の辞として「余は欧米視察によりて得たる所を提唱し、…社会の革新に貢献する所あらん」と述べている。増田が社会の革新に貢献するために、一九一八年から一九二一年にかけて雑誌論文に投稿された記事は、『思想善導の基準』としてまとめられた。彼の信頼は厚かったようで、一九一二年から一九四五年の間に衆議院に八回当選し、衆院副議長も務めた[33]。

以上のような経歴と人間関係をもち、出版業界を牽引した増田の書物を考察する事は、一九一〇年から二〇年代に普及された「文明の精神」の影響力をみることに等しい。

繰り返しになるが増田が、大衆の道徳観を養うために刊行した書である『思想善導の基準』は、雑誌『実業之日本』や、その増大号に掲載された増田の論稿が再収録されたものである。一九二一年の書は、一連の主張を纏め上げた書ということになる。

彼の言う「思想善導」とは、一九二八年に生じた三・一五事件以降に声高になる、いわゆる国体の擁護を骨子とした国粋主義に傾倒するスポーツと密接な関係にあった「思想善導」政策[34]とは異なる趣きがある。

その中身は、「英国は礼儀作法の正しきを以て世界第一と称されている。文明の進歩と共に国民の礼儀作法も美化されねばならぬ」と主張するもので、「真の文明の精華は其の国民が日進の知識に富むと共に…中略…文明と逆行するが如き無作法の振舞多きを見て遺憾に堪へない」、「余は斯る方面からしても国民の品性を向上せしめたい」[35]と述べているように、とりわけ英国規範を啓発することにあった。また、英国的な道徳思想を奨励する際、次の二点に留意する必要があると述べた。

如何なる外来思想でも之を日本化することが必要である。即ち日本の立場を忘れないで良く之を消化するのである。我々は自己が日本人である。日本人として世界列国の間に伍し、以て現代の文化に貢献せんとする自覚を有せねばならぬ[36]

武士道と言えば直に古臭いと思う人もあろうが、その形式はたとえ古くとも其の精神は日本国民の精神の真髄である。この精神を深く味わい之を現代化することが最も肝要である[37]

以上のように、増田は外来思想を日本化する必要があると考えていた。また時代遅れの感を醸し出すと思われ始めた「武士道」を現代化する必要があると述べ、「武士道」の再編を試みようとしていた。こうした傾向は、ビーズリーが指摘しているように、「文明の精神」を日本的なものに置きかえるという時代の現象に合致している。

同書の中で増田は、新しい時代を担う若者の理想像を説き、その際「新士道」という言葉を用いている。

「新士道」は、「現状と国体と合致し、国民性に適応し、新時代の新思想に適応しなければならない」とし、「日本の武士道及び西洋の武士道、英国固有文化である紳士道のそれぞれの長所を融合させたものが必要」[38]と説明している。すなわち、日本の「武士道」に騎士道と紳士道を融合させることで、新しい近代的な「武士道」を養おうとしたと言える。

より具体的には、増田は英国のジェントルマン像に倣って、日本人の品性の陶冶を求めた。デモクラシーの理想を通じても、デモクラシーの担い手である大衆に直接的に思想を善導する手段を英国的規範に求め、大衆を啓発した。

また、「新努力主義」として以下のことを奨励した。「人類生活の根本意義から出発して、自発的に努力其のものを味わい、且つ楽しむもの」とし、「努力其のものを楽しむことが出来れば、努力は決して苦痛でもなく勿論苛役でもない。…中略…努力及び勤労を神聖と称するのである。卑しい意味は少しも含まれていない」[39]と述べた。これらは勤労の教説を想起させるものがあり、増田の言う「新努力主義」とは、英国のアマチュアリズムやアスレティシズムにおいて重視された協同の精神を喚起させるものがある。

以下に示すように、増田が言う社会組織とは、協同の精神を重視している。協同の精神の啓発にあたり、「ソリダリチー即ち連帯協同の精神が天然の原則であり、礼儀、規律、秩序、公徳もこの範囲に入る」[40]と、英語を用いながら説明した。大衆教育を重視した増田にとっては、「社会的に生活する以上は連帯精神が最も必要である。然るに従来日本人にはこの大切な連帯精神が欠乏して居る。協同一致出来ぬのも、公徳心の発達せぬのも、時間励行の出來ないのも、一はここに原因してゐる」[41]と述べている。

増田の書には、英国の重要なスポーツ規範である「アスレティシズム」を連想させる論述も存在している。アスレティシズムとは、村岡健次によると、「集団スポーツを人格陶冶のため有用な教育手段として重要視する態度のことで、これら競技形式の集団スポーツは、男らしさ、忍耐力、協調的集団精神、フェアプレイの精神を養うものと考えられた」[42]以下には増田の書の『青年出世訓』(一九二五年)の一節を示しておきたい。

剛健の気象を養うには、青年の身体を強壮ならしむるが重要である。体質強壮なれば外部に対する抵抗力強く、剛健になる。英米独の教育を見るに、頗る体力養成に重きを置いている。彼等の大学に於ては運動遊戯を奨励し、学生の体育に注意することは邦人の想像以外である。英国が少年義勇団を組織して以来、この事業は全欧を風靡したが、其の目的たる社会の悪風に感染せず、種々の危険思想に誘惑せられざる剛健の気風を養はんが為である。入団の時、忠君愛国、規律確守、公共のための自己犠牲として尽すという三か条を宣誓せしむるのである。用語に多少の相違あるも、その実はわが武士道と合類する点が多い。我が武士道的教育は夙に欧米に研究されていたが、彼等は今や新しき形を以て武士道の精神を採用せんとするのである[43]

ここで注目したいことは、英国のスポーツ教育思想であるアスレティシズムが強調した剛健の気風を養うために、少年義勇団《ボーイスカウト》を奨励している点である。また、剛健の気風を得るために、この運動の意義を「忠君愛国」、「自己犠牲」という理念を通じて説明している。これはアスレティシズムが重要視した「loyalty」、「self-sacrifice」の規範に一致している。すなわち、剛健の気風を身につけることは、「武士道」の獲得ではなく、アスレティシズムの規範を身につけることであった。

しかし、むしろ日本の伝統的な概念とされる「武士道」という言葉を用いて解釈し、新しい「武士道」としてアスレティシズムを日本文化に包摂しようとしたように思われる。重要なことは、剛健の気風がアスレティシズムの中で強調された「British Manliness」における最も重要な概念であったことである。また剛健の気風を養うために、「武士道」を引き合いに出しつつも、その中身は武道や弓道ではなく、「山野を跋渉」[44]することと述べられている。増田はボーイスカウト運動を意識しているに他ならない。加えて、運動で体を鍛えることは国運に関係すると、運動の重要性を、帝国の政策として奨励している点は、ボーイスカウト運動の創始者ベーデン・パウエルの考えと一致している。

剛健の気風を得るために増田は以下の三点を重視した。

青年の留意すべき三要点

余は武士的精神の鼓吹と共に青年自身の特に留意を促したいことがある。

其の一は…中略…東西の偉人の一代は総て剛健の気を以て一貫している。…之を読み之に私淑する者は知らず知らずの間に多大な感化を受け、剛健の気象を自ら勇起するを覚ゆるであろう。

其の二は山野を跋渉して不屈の体力を養うことである。…青年は剛健にあらざれば、惰弱に流れるものである。跋渉は能く惰弱の悪風を一掃するに足ると思う。

其の三は常に剛健の気象を養うことに留意するのである。聞くところによれば近時徴兵検査に於ける我国壮丁の体格は低下の傾向にありと。又学生の体質も一般に虚弱に流るるの風ありと。…洵に国運の成長に関する大問題である。

世界に対する日本の立場を了解するものは、今の青年の双肩にかかれる責任の重大なること空前なるを感ずるであろう。これを感ずると共に、青年が空しく煩悶すべき時にあらざるを覚ゆるであろう。是に於て、余は世の父兄も教育者も、剛健の気象を青年に鼓吹するに力めんことを望む(45)

すなわち、増田は、若者が武士的精神を育むための方法として、偉人は剛健の気性を有していると説明し、剛健の気象を宿らせるために山野の跋渉を行い、体力を高めて精進する必要があると述べた。こうした若者が育つことで、国家が成長するという社会ダーウィニズム論を説明した。

このように、増田の主張は英国的規範を自国の「武士道」に置き換えることで、読者が、英国規範を日本の伝統的な規範として違和感なく受け入れられる構造を用意するものであった。次に、ここで増田のいう「新士道」とサミュエル・スマイルズ Samuel Smiles の言う「真のジェントルマン」の類似性について比較しておきたい。

「新士道」と「真のジェントルマン」

繰り返し述べるように、増田が英国文化を日本的に受容し、新しい国民を作り上げようとしたときに目指した時代の理想像が、『思想善導の基準』を通して啓発された「新士道」であった。「新士道」とは、武家社会に存在した階級構造を批判し、四民平等及び、男尊女卑否定の立場をとり、特権階級の規範ではなく全ての若者を対象とするものであった。

そのように人格を強調し、教養のある人物が求められていたのはなぜか。英国の歴史家、リチャード・ホルト Richard Holt によるとアマチュアリズムの重要な要素にはキャラクター（人格）がある[46)]。また増田の「新士道」は、実業によって富を築く近代資本主義の倫理を受け継ぐ「成り上がり者」を重視している。このような英国規範を受容する際に増田が用いたある種の構造が考えられる。例えば、礼儀については、織田信長や貝原益軒の言を引用しつつも、実際には英国の『自助』の作者であるスマイルズの言から多くのヒントを得ていた。すなわちスマイルズの言葉を伝統的な武士の脈絡の中に織り込むことで、あたかも従来から日本規範に含まれていたように紹介し、英国規範の受容を促したと考えられる。奇しくも、一八七〇年に翻訳されたスマイルズの『自助』は、『思想善導の基準』と同年の一九二一年に復刻再販されている[47)]。また、臨時増刊された『処世大観』ではスマイルズに関する特集[48)]を組んでいる。以上のような西欧の規範は、近代の英国において形成されたものである。

そこで、表一には、村岡による、英国の一九世紀のクリスチャン・ジェントルマンの時代にスマイルズが奨励した「真のジェントルマン」について示した。

一九世紀以前の正統なジェントルマンとは、封建社会における特権階級の貴族であり、生まれや家柄によって構成されていた。しかし、真のジェントルマンは、一九世紀における中流階級の台頭によって生じたものであり、成り上がることでジェントルマンになろうとした集団である。そのため、真のジェントルマンを目指すものは、ジェントルマンが通っていたパブリックスクールで学ぶことが重要であった。そこで、これからの国家を担うジェントルマンに成長するために、キリスト教やスポーツなどを学んだ。こうした彼らの姿を描いたのが『トム・ブラウンの学校生活』である。彼らがパブリックスクールで学んだ徳義が、表一の「理念の性格」に対応している。

例えば、「理念の性格」の正直や公明正大、剛直とは、アソシエーション・フットボール（サッカー）にオフサイドルールが形成した過程に見ることができる。中村敏雄によれば、「密集から〈離れていく行為〉や〈離れている〉行為が〈よくない〉行為とされ、やがて禁止されるようになった理由としては、第一に、それによって〈突進や密集〉の少ないフットボールが行われるようになり、フットボールの真髄でもあり、また楽しみや面白さの中心でもある〈男らしさ〉を示すプレーがみられなくなる」、「第二に、フットボールを〈一点先取〉というルールで行われる競技として受け継いでいく以上、この一点が容易に得られないようなルールや技術構造のものにしておく必要があった」[49]という。このように、容易に得点できるような「狡猾な行為」は排除されたという。

また英国の「文化的伝統」であった「筋肉的キリスト教徒」とは、英国のエリート教育機関であるパブリックスクールから輩出されたエリートが、筋骨たくましくあることがエリートとしての教養を意味し、そこに関与した社会的淘汰の構造が、支配階層となる社会的エリートの創出につながると考える優生社会学が反映された帝国主義的理念であった。阿部生雄によれば、「健全で頑強な〝肉体〟

は帝国主義的躍進の武器、英国人の民族的強化の起点として位置づけられる」[50]。また、筋肉的キリスト教徒の考えが色濃く染め抜かれているKingsleyの作品、『*Westward HO!*』（一八五五年刊行）や『*Two Years Ago*』（一八五七年刊行）などは、「若者の愛国心を覚醒し、帝国主義的侵略戦争を正当化する作品」[51]であった。

なお、表1に示したスマイルズによる「真のジェントルマン」に対応し、表2には「新士道」の規範の中身を示した。二つの表を合わせみれば、後者が英国的規範を啓発するものであり、スマイルズの言う「真のジェントルマン」と同様に偉人としての「成り上がり者」を重視していることがわかる。村岡健次によると、「〈真のジェントルマン〉は、世間に一般に知られた正統なジェントルマンとは

	真のジェントルマン
階級的基盤	●中流階級以下 ●産業階級 (注・下層階級は対象ではない)
階層関係	「成り上がり者」
理念の性格	「生産倫理」の投影 公明正大・自制堅忍・剛直・正直「勤労の教説」「忍耐・不屈・協同の精神」「節約論」
教養	「実地の経験」 (自己教養)
文化的伝統	「ヘブライ主義」 (プロテスタンティズム) 筋肉的キリスト教徒

表1　「真のジェントルマン」の特徴
出典：村岡健次『ヴィクトリア時代の政治と社会』（ミネルヴァ書房、1980年、209頁。）

	新士道
階級的基盤	四民平等
階層関係	エリート、成り上がり者、一代で成功する者
理念の性格	能力主義・質素倹約・連帯協同の精神・義勇奉公の精神・献身犠牲 礼儀・規律・秩序・高徳・正直 社会奉仕・ボランティア 富に対する道徳的訓練 富者と社会奉仕・新努力家
教養	実質的人間価値（教養・修養）
文化的伝統	不明

表２　新士道の理念　（船場作成）

著しく、いや対蹠的といっていいほどに異なるもう一つのジェントルマンであった」とし、「人生最高の目的は、男らしい人格を形成し、できうるかぎり肉体と精神——知性、良心、感情、魂——を最善に発達させるということである。…中略…知性、公共の精神、道徳善もまた力であり、それらの方がはるかに高貴なものである」ことがスマイルズの思想の骨組みである[52]。ではどのような人間が「真のジェントルマン」なのであるのか。村岡によると、「偉人中の偉人」は「成り上がり者」であるという。

よって、「真のジェントルマン」と「新士道」との共通点は、新たな時代の産業をリードするエリートとしての「成り上がり者」である。それゆえ増田がスマイルズのいう「真のジェントルマン」を「新士道」とした可能性がある。事実、英国に精通していた増田は、スマイルズの言葉を引用している。彼はスマイルズの著書を意識し、増田もスマイルズも成り上がり者という偉人を時代が必要としていたと考えていたことがわかる。

またその他の「理念の性格」についても共通する規範が多く見られる。「正直」、「連帯協同の精神」、「自制の堅忍」、「自己犠牲」、「富に対する道徳的訓練」、「質素倹約」、「実地の経験」の重視などである。また、増田は英国のジェントルマン像を例に挙げ、「ボランティア」、「礼儀」について説明している。

それゆえ、増田が奨励する「新士道」とは「真のジェントルマン」を意味していたといえる。以上のように、増田は英国規範を兼ね備えた若者を育てることを目的として『思想善導の基準』を執筆した。そしてあたかも、英国的規範が、自国に元来存在した規範であったかのように表現し、武士や維新の英雄もそれに賛同してきたという修辞を用いることで、伝統を操作し、元から存在したかのような受容の構造をあてはめていた。増田は、英国規範を尊重しながらも、日本的に変換することで、英国精神を日本の伝統文化の中に包摂した。すなわち、増田の「新士道」とは、日本的に受容した英国規範を学ぶことに他ならず、新渡戸稲造と同様に「文明の精神」を「武士道」に置きかえながら、近代国民国家にふさわしい国民形成を啓発するものであった。

以上のように、新渡戸の「武士道」と実業之日本社の果たした役割を検討すると、それらはビーズリーが述べる「文明の精神」の啓発を、「明治武士道」を通じて啓発しようとしたという説と一致する。具体的には、新渡戸稲造や大隈重信、菊池大麓といった著名人や実業之日本社から発信された。こうして「明治武士道」が書物を通じて広められることになるこのプロセスは、明治期に創られ、西洋社会の精神を日本的脈絡を介して翻訳することと同義であった。しかも、注目すべきは、「明治武士道」を通じて「文明の精神」であるスポーツ規範が伝えられたことである。すなわち、フェアプレイやアスレティシズム、健康や衛生の概念、禁欲主義、協同の精神、名誉の観念は、西欧に劣らぬ文明の精神の啓発を為す徳目に相当していたと言えよう。

次章では、当時最大のエリート学校であった第一高等学校に着目して、スポーツを通して体現された「武士道」の普及プロセスをより具体的に論じることにする。

『実業之日本』における新渡戸稲造の追悼特集に掲載された新渡戸と増田義一。

左から新渡戸稲造、増田義一、大隈重信。『実業之日本』36 巻 21 号、(1933 年 11 月 1 日　特集頁)
▽追悼特集掲載、左下部分を拡大

註

1）鈴木範久編『新渡戸稲造論集』岩波書店、二〇〇七年、三一九頁。
2）馬静『実業之日本社の研究　近代日本雑誌史研究への序章』平原社、二〇〇六年、四頁。
3）同上、八八頁。
4）同上、四〇―四二頁。
5）同上、四四頁。
6）同上、四九頁。
7）同上、五一頁
8）同上、五二頁。
9）同上、七九―八〇頁。
10）同上、九六頁。
11）同上、九四―九八頁。
12）新渡戸稲造「余は何故実業之日本社の編集顧問となりたるか」『実業之日本』第一二巻一号、実業之日本社、一九〇九年一月一日号、五頁。
13）同上、五―一一頁。
14）浮田和民「博士は世界的武士道鼓吹の最適任者」『実業之日本』第一二巻二号、実業之日本社、一九〇九年一月一五日号、一七頁。
15）同上。
16）浮田和民『帝国主義と教育』民友社、一九〇一年、四六頁。
17）入江克己『日本近代体育の思想構造』明石書店、一九八八年、二〇五頁。
18）同上、二〇六頁。
19）徳富猪一郎「記者としての新渡戸博士は天下の逸品」『実業之日本』実業之日本社、一九〇九年一月一五日号、一六頁。
20）同上。
21）クーベルタンは、祖国フランスの現状と比較しつつ、イギリスのパブリックスクールにおける学生のスポーツ生活に深い感銘を受けた。その根本原理である、一に徳育、二に体育、三に社会教育からなり、それらの軸となる二つの原理と方法は「自由とスポーツ」からなっていた。このイギリスでの体験と自覚は、クーベルタンの生涯における活動と切り離すことができないという。以上のように、クーベルタンの基本的教育概念は、英国のパブリックスクールにあった。（日本オリンピック委員会監修『近代オリンピック一〇〇年の歩み』ベースボールマガジン社、一九九四年、六三頁。）

22）新渡戸稲造「新時代に処する実業家の武士道」『実業之日本』第一一巻一一号、実業之日本社、一九〇八年五月一五日号、二五頁。

23）同上、二八―二九頁。

24）新渡戸稲造『修養』実業之日本社、一九一一年、二六五頁。

25）同上、二六六―二六七頁。

26）同上、一六七頁。

27）同上、二六八頁。

28）同上、二七三頁。

29）同上、二七三―二七四頁。

30）同上、二七五―二七七頁。

31）同上、一八四―一九六頁。

32）同上、二九五頁。

33）馬、前掲書、二四―二五頁。

34）思想善導政策とは、一九二八年の「三・一五」事件を受け、「鳩山文相は昭和六年七月、学生思想問題の根本的対策を講ずる目的で設置された学生思想問題調査会の答申」に基づき、「国民精神文化研究所を設置した。以後、思想対策はさらに強化され、具体的には教員の思想弾圧」する政策であった。（入江克己『ファシズム下の体育思想』不昧堂、一九八六年、九〇頁。）

35）増田義一『思想善導の基準』実業之日本社、一九二一年、三一二頁。

36）同上、二一三頁。

37）同上、三三三―三四頁。
38）同上、一八四頁。
39）同上、一四〇―一四一頁。
40）同上、三三〇頁。
41）同上、三一六―三一七頁。
42）村岡健次『アスレティシズム』とジェントルマン」村岡健次、鈴木利章、川北稔編『ジェントルマン・その周辺とイギリス近代』ミネルヴァ書房、一九八七年、二三八頁。
43）増田義一『青年出世訓』実業之日本社、一九二五年、一二六―一二八頁。
44）同上、一二三頁。
45）同上、一二三―一二四頁。
46）リチャード・ホルト（池田恵子訳）「アマチュアリズムとイングリッシュ・ジェントルマン―スポーツ文化の分析―」『体育史研究』第二七号、二〇一〇年、八五頁。
47）H. Kinmonth〝Nakamura Keiu and Smuel Smiles: A Victorian Confucian and a Confucian Victorian〟, *The American Historical Review*, Number 3 June, 1980, pp.535―556.
48）『処世大観』は、一九〇五年四月八日に臨時増刊号として刊行された。
49）中村敏雄『オフサイドはなぜ反則か』平凡社、二〇〇一年、一三一頁。
50）阿部生雄「〝筋肉的キリスト教〟と近代スポーツマンシップの理念形成―チャールズ・キングズリを中心として―」『岸野雄三教授退官記念論集　体育史の探求』岸野雄三教授退官記念論集刊行会、一九八二年、一三二頁。
51）同上、一三三頁。
52）村岡健次、前掲書、二〇〇頁。

※本章は舩場大資「『明治武士道』にみる『文明の精神』の普及：新渡戸稲造と実業之日本社を中心に」（『東アジア研究』第一三号、二〇一五年、二二三―二四五頁）を加筆・修正の上、転載した。

第三章　社会ダーウィニズムと「文明の精神」
―西欧規範としての「武士道」の創造―

船場　大資

第三章では、第一高等学校において展開された教育と社会ダーウィニズムとの関係について考察していく。周知のように、第一高等学校は、明治新政府という新国家体制の中で、新しい国家を担うエリートを育成することを目的に設立された。とりわけ、校友会や自治制の全寮制寄宿舎が設置されたことが一高の最大の特色であった。この制度は、日本の将来を担うエリート、一高生の人格を陶冶する上で重要な役割をなした。

しかしながら、その近代教育システムは、欧米の教育制度に倣い、留学経験者の影響を受け、とりわけ、英国のパブリックスクールの特徴を参照している。以下ではそのことを示す上で、一高の教育指導者たちが、どのような社会的価値観を尊重し、どのような脈絡を通して英国流の規範を取り入れたのか、しかも、その際になぜスポーツ規範を重視していくのかについて論じる。

第一節　東京大学予備門時代—F・W・ストレンジと運動会—

本節では、東京大学総長、菊池大麓の英国留学経験が縁となって来日した英人教師、F・W・ストレンジが果たした役割に着目する。一八六七年から一八八九年にかけて、日本で活躍した官雇の外国人は約二三〇〇名であったと言われている[1)]。国別の上位三ヵ国の内訳を見ると英国九二八人、アメリカ三七四人、フランス二五三人となっている。このことからも当時のお雇い外国人には、英国人が多かったことが分かる。さらに、『資料御雇外国人』によれば、お雇い外国人は、中国（清国）やタイ、トルコなどの地域でも職を得ており、西欧文明に倣おうとする文明化の潮流は、世界規模で生じた現象であった。

一八七四年に設立された東京英語学校は、一八七七年に東京大学予備門となった[2]。一八八二年には、「上に掲げる所の学科の外、体操課を副置し、各級生徒をして正課の余暇を以て演習せしむ。ただし寄宿生は必ず演習せしめ、通学生は適宜これを課す」[3]とある。一八八四年に学科課程が四ヵ年に変更された年の体操は、「軽運動・歩兵操練が週四時間」[4]となり、全学年、全学期を通じて週四時間の「軽運動・歩兵操練」が行われるようになった[5]。また、課外の体育活動としては、一八八三年に運動会が開催されるようになる。それ以降、運動会は、ボート競技会と並ぶ一高の主要な学校行事に成長した。この東京大学予備門時代に、英国スポーツを普及させることに尽力したのがストレンジであり、運動会を創始したのも彼であった。

次いで、一八八六年に第一高等学校へと改名されると、一八九〇年には木下広次校長の下で、校友会が設立した。この時の校友会には、「文藝、ボート、撃剣、柔道、弓術、ベースボール、ロンテニス、陸上運動、遠足」[6]が含まれている。一高においてスポーツ文化は以降も着実に発展していく。そうした背景には、英語教師として、イギリスから赴いたストレンジのような外国人講師や一高の指導者たちが一致して奨励したスポーツ教育の重要性が関わっていた。

特に、ストレンジから木下広次校長時代へと受け継がれたスポーツ教育に注目すると同校におけるエリート教育とスポーツとの関係は無視できないことがわかる。

「F・W・ストレンジ研究」について

これまでストレンジについては、阿部生雄や高橋孝蔵によって多くのことが明らかにされてきた。本稿は、こうした先行研究の重要性を継承し、当時のエリート教育とスポーツ教育との強い連帯を指摘しておきたい。

高橋は、英国人教師ストレンジは「日本近代スポーツの父と呼ぶべき人物」[7]であると述べ、近代スポーツ伝播に果たした彼の重要性を強調している。近年、阿部や高橋らよってストレンジの活動や経歴が明らかにされている。それらによれば、ストレンジは、英国のパブリックスクールの一つであったロンドンのユニヴァーシティ・カレッジ・スクールで、彼の同期ともなる幕府留学生と出会う。それが後の東大総長、菊池大麓であった。高橋は、「日本人留学生との出会いが、ストレンジの進路に大きな影響を与えたのはまず間違いないだろう」[8]と述べている。日本人留学生は、江戸幕府から派遣された留学生であったため、幕府の大政奉還（一八六七年）の後、新明治政府が誕生すると帰国することになる。留学生の在英期間は約一年であり、在学期間は一学期間であったという[9]。

留学生はその後、日英関係に影響を与えた。留学生の一人であった林董三郎は、「旧幕府軍に参じ、函館五稜郭に立てこもって戦う」[10]が、助命された後、駐英公使となり、日英同盟の立役者になっている[11]。中村敬輔（敬宇）は、「中村正直としてサミュエル・スマイルズの〈セルフ・ヘルプ〉を翻訳し、『西国立志編』を著し」[12]た。外山正一と菊池は学問の道に進む。彼らは東京大学総長を務め、文部大臣も歴任することになる[13]。このように、幕府留学生は帰国後、英国規範を日本に紹介し、日英の関係を深めた。その貢献は留学経験がもたらしたものであった。

そして、日本に近代スポーツを伝えた重要人物であるストレンジは、日本からの一人の留学生によって自身の人生を大きく変えることになる。

ストレンジの訪日には、菊池が関与したと高橋は推察している。菊池は、一八七〇年に新政府からイギリス留学を命じられ、再び留学している。このときケンブリッジ大学で日本初のボートマンになるなど、積極的にスポーツに関与している。高橋は、この期間にストレンジと菊池が「再び邂逅したに違いない」[14]とし、その理由を「後々の二人の関係や、あるいは〈ストレンジ先生は菊池博士に伴われて来日した〉という話もあり、実際、この期間は二人が再び接近する条件は整っていた」[15]と類推している。高橋は、「ストレンジから菊池にアプローチがあり、菊池が日本国内の様子をうかがいながら、ストレンジを在英要路あるいは文部当局に紹介したのではあるまいか」[16]と述べ、当時二人が共にロンドン市内に滞在していたという事実や、二人が同時期にボート熱にかられていたことなどをその根拠としている。

日本人留学生との縁により日本に赴いた英国人はストレンジだけではない。当時の日本は、近代化を推し進めるために多くの外国人技術者や知識人を必要としていた。

ヘンリー・ダイアー教授（現在の東京大学工学部にあたる、工部大学校の初代都検を務めた）も、英国に使節団として滞在していた伊藤博文が日本へと誘った[17]。

ストレンジのスポーツ普及

ストレンジは、英語教師として活躍したのみならず、スポーツを普及させた人物であった。

特に、一八八三年に開催された第一回陸上運動会を通じて、東大生や予備門生にスポーツを伝えた。高橋によれば、運動会の準備はストレンジ自身が整えたという[18]。全体の指揮監督には菊池も関わっている。

ストレンジは、この運動会を開催するために東京大学総長加藤弘之にその必要性を説いた。高橋は当時理学部長に就任していた菊池の援護は強力であったと述べている[19]。さらに、ストレンジは「スポーツは体力のみを練ることを目的としているのではない。知徳を磨くためである」とし、「スポーツを行なう真の意味は人間形成や人格陶冶にあると考えていた」、「近代日本におけるスポーツの必要性を説き、満場から割れんばかりの大拍手を送られた」[20]という。すなわち、彼は運動会を通じて人格は陶冶されるという英国流のスポーツ教育観を東大・同予備門というエリート校にもたらしたのであり、そうした考え方が当時の学校関係者から支持されたということになる。このように、ストレンジは、英国で普遍的であったスポーツ教育の価値観を日本に伝えた重要な人物であった。

次にこの運動会にあわせて、ストレンジが執筆した『*Outdoor Games*』(一八八三年)に目を向けたい。その中身は、ストレンジがフットボールやホッケー、陸上競技の走跳投の種目等を紹介する内容になっており、全三四種目記載されている。クリケットなどの英国発祥の近代スポーツ、伝統的な英国の遊戯が含まれている。

例えば、「Leap-Frog」について、「これは素晴らしいスポーツで機敏さを必要とする。簡単である上に、何人でも楽しめる」[21]と叙述している。「Warning」については、「これをプレイすることで、少年達はほとんど走りっぱなしになるため、冬季に最も適したスポーツである」[22]と述べている。「Hare and Hounds」については、「イギリスではこの戸外遊戯が最も人気がある。田舎で楽しまれるのが通常であるが二、三時間の余暇があれば楽しめるので、〈都市〉の半休の日にも行われている」[23]と説明するなど、当時の伝統的な英国スポーツ文化とその魅力を日本人に伝えた。

現在でも人気のフットボールについては、「このゲームは、イギリスのウインタースポーツの中でも最も人気なスポーツである」、「二つのゴールをはさんでプレイする」と述べ、基本的なルールを紹介している。ただし、本書が書かれた時期は、アソシエーションフットボールが設立（一八六三年）して間もない時期である。そのため、まだ今日のようなゲーム形式や戦術についての言及はなく、「同数で行なうように」といった表現にとどまっている[24]。

野球については、「ベースボールはアメリカの人々の国技である。だが元々はイギリスの Rounders〔ラウンダー〕から派生したスポーツである」[25]と説明している。ストレンジは予備門の野球部の創設にも尽力しており、英国スポーツの流れを汲むスポーツとしてこれを奨励した。以上のように、『*Outdoor Games*』から、ストレンジが日本に当時の英国のスポーツであった伝統的な遊戯や揺籃期の近代スポーツを日本に伝えた事実を知ることができる。加えて、彼が開催した運動会は、日本人エリートにさらに英国流スポーツの精神を伝播させることにつながった。

東京大学の運動会

ストレンジの開催した運動会は、どのようなものであったのか。彼の運動会は、日本エリート学生にどのような影響を与えたのであろう。

一八八三年六月一六日に東京大学・同予備門にて開催された運動会の種目は、ヤード競争・跳躍・投擲などが種目に掲げられた陸上競技大会のような競技会であった。高橋は、当時の様相は「本格的な陸上競技は始めての経験で、学生たちは準備段階から興奮気味であったという。放課後の運動場は教授も学生も全校総出の大賑わい。勢揃いして練習に励んだ」[26]と述べている。その白熱ぶりがうかがえる。しかし、その練習風景は「ハンマー投げでは投げた当人が頭を抱えるほど滑稽なありさまだった」とある。さらに、「どうすれば速く走れるかは、実際走ってみればすぐにわかることだった。武士に受け継がれてきた摺り足の動きより、自由奔放に手足を動かす方が遥かに速かった」と記載されており[27]、エリート学生たちが初めて英国発の近代スポーツに触れた様子を伝えている。

図一　「運動會（明治十九年）」
出典　第一高等学校編『第一高等学校六十年史』1939 年。

大会当日、ストレンジは「シルクハットにフロックコート」[28]という、いかにもジェントルマンといういでたちで現れ、観客は数千人にも及んだという。学生が全力で投げたハンマーを片手で簡単にそれ以上の飛距離で投げ返すストレンジの勇ましい姿に観衆は驚嘆したという[29]。こうしたスポーツマンらしいストレンジの姿は、英語教師としての姿だけでなく、エリートの証とはスポーツマンであるという素養を一高生に印象づけたように思われる。

運動会を通して、学生たちは、パブリックスクールで培われたストレンジのスポーツマンぶりに触れ、新しい文化の醍醐味を吸収した。当時、ストレンジに心服していた武田千代三郎（大日本体育協会初代副会長や県知事などを歴任）は、「定日定刻を厳守せよ」、「男子事に当たる宜しく奮闘力戦斃れて而して後已むの概あるべし。敗れて負惜みするは懦夫怯者の亜流のみ」、「ストレンジはベストを尽すことを厳しく求めたが、勝敗には必ずしもこだわらず、負けても毅然としていることを望んだ」、「審判に服従せよ」、「倹はスポオツマンの第一の信条たるべし、人の金品の憐みを乞条て迄も美服し、美食し、車行せんと欲す勿れ」[30]といった英国流の規範をストレンジから学んだと述べている。

つまり、時間を守ること、審判への服従、負けても堂々とし、負け惜しみを言わないというようなスポーツマン的態度は、日本のエリート学生によって独自に作り出された道徳観ではなかったことがうかがえる。伝統的な「武士道」にあった道徳規範の継承でもなく、一高生はフェアプレイなど、アマチュアリズムを貫いていた規範に、運動会を通して初めて触れ、西欧の文化規範に魅了されていったと考えられる。その意味では、ストレンジは運動会を通して、英国スポーツを伝えただけでなく、一高生にエリートとしての規範、「文明の精神」とは何かを伝えることに貢献している。

菊池も英国でボート競技やそのスポーツ規範に触れ、英国文化に魅了された一人であった。菊池の考えは雑誌『運動界』に、まさしく「運動の精神」と題された評論記事を通して紹介されている。以下に示す「運動の精神」は、上記の雑誌に掲載された、菊池東京大学総長時代の演説であった。

「運動の精神」

菊池は、自身の留学経験から、英国人の気性がどこで養成されているのかを運動によるものだと主張する。「其の気象は、即ち、英人をして世界到る所に植民地を作り、彼の如く小さなる島国をして盛んなる世界の大帝国となした」[31]。スポーツ規範と英国の強さは関係していると冒頭で断言する。

その精神とは、「マンリネス（男らしい剛健の気象）」、「プラック（不屈の精神）」、「フェアプレイ（公正さ）」、「マグナミチー（magnanimity の語と思われる〔舩場による補足〕。寛大さ）」、「オーダー（秩序）」の五つから構成されているという。

「マンリネス」について、菊池は「男らしきことである。運動を為し、競争上裏に立つには男らしくなければならぬ」[32]と説明している。そもそも、マンリネスとは、英国のパブリックスクールにおける教育思想である「アスレティシズム」の成立とともに、崇拝される諸徳目として学生に涵養された徳性であった。これについて、村岡健次は、『トム・ブラウンの学校生活』の主人公、トムはラグビー校で、たくましく男らしいジェントルマンに成長していくとし、彼の成長は、「丈夫な身体の礼賛、スポーツの奨励、男らしさの宣揚、英雄崇拝の是認といったことがらを意味するもの」であった[33]と解説している。スポーツによって涵養される男らしさとは、パブリックスクールの学校生活の中で尊ばれた特別な価値観であった。

「プラック」について、菊池は、「不屈の精神」と訳している。これは、「英人は負けても自分は負けたと云うことを知らぬ、それが英人の勝つ所以であると言って居る。之で無ければいかぬ。勝つ時には威張り、負けたときには弱ってしまう様な精神は、国民として甚だ困ることである」[34]と述べている。一例に、オックスフォード対ケンブリッジの競漕の話を引き合いに出している。オックスフォードのチームが圧倒的な差でゴールし、号砲がなったが、ケンブリッジは最後まで全力で漕いだという。しかし、日本はというと、号砲がなると総ての艇が漕ぐのをやめる。それは、「甚だ不体裁である」とし、「ストレンジと云う英人が大学の競漕会の席に［おいて］此のことを終止気にしました。それは英人の目から見ると、気に障って堪らないのである」[35]と述べている。勝敗にこだわらず、最後まで全力で戦うというスポーツ精神を教えている。

概して「フェアプレイ」については、「スポーツといえばフェアプレーの精神、そして、フェアプレーといえばアマチュアリズム」に他ならずと説明した。「フェアプレイ」は、英国アマチュアリズムの中核を貫くスポーツ規範である[36]。また、ピーター・マキントシュは、「フェアプレイは、第一にスポーツにおける立派な行動に対する英国人の言葉であり、第二には人生の他の諸相においても比喩的に使われる同国人の用語である」[37]と説明しており、フェアプレイとは、英国人にとってスポーツ以外の事柄にも通じる普遍的概念であった。

菊池は、「勝ちさえすれば宜いと云う様な精神は止さなければいかぬ」と述べ、こうした精神がなければ、「大国民とは成れない」[38]とする。加えて、「此の〈フェアプレイ〉を養成するにはどうも運動会が余程適当して居る」という。すなわち、フェアプレイの精神がなければ運動会は成り立たない。潮の流れが悪いから「ぐずぐずして居て漕ぎに出て来ないで時間を延すこと」や、「良い櫂が有るとそれを隠して納って置く」ことなどは、「随分聞く所である」[39]と、明治期の日本学生のスポーツ規範の欠如を問題にしている。フェアプレイの精神が足りないと運動会は上手くいかない。したがって、学生たちが運動会を成立させることを通じて、フェアプレイの精神が啓発されると主張した。

「マグナミチー」（magnanimity）は寛大であることであると主張している。寛大さもまた、英国のエリートにとって重要な規範である。例えば、英国の小説である『*Yeast*』（一八四八年）の主人公Lancelotが「紳士的で寛大で勇気ある〝優れた〟人物になること」を「信条とする狩猟や競漕に関心を持つスポーツマン」[40]であったように、英国のエリートにとって、欠くことのできない態度であった。菊池は、勝った負けたで相手を罵ったり、「いまいましさに、それに向かって害を加へるとか云う風なことが折々日本の運動会にあるようだ」[41]と述べている。「マグナミチー」の必要もまた、運動会を通じて奨励された。

「オーダー」については、規律を守ることである。菊池は、「自ら委員を選んで置きながら又自ら判定者を置きながら、判定者の言うことを聞かないで、判定者に議論を仕掛け、委員の命令を聞かない、時間も正しくなければ、規則もかまわない」[42]といった態度では、運動会は成立しないのであると述べる。マキントシュが「〈フェアプレイ〉は自尊心から発達する行動の仕方であるという考えを保持している人は、次のことを当然伴っている。…中略…（d）常にレフェリーへの積極的な協力によって発揮されるレフェリーに対する信頼」[43]と説明しているように、審判に対する信頼、協力は英国のフェアプレイに対する考えの中で重視されていたものである。仮に審判のジャッジが間違っていても、審判に従うことが「オーダー」を意味し、現代におけるビデオ判定（「チャレンジ」）が採用されるまで、英国発祥のこの考え方は永らくスポーツ界を支配してきたと言ってよいであろう。

以上の五つの英国スポーツ規範を教養として持ち合わせていることが、当時の日本人に必要とされる徳性であることを菊池は示した。菊池が、日本の学生にはまだ乏しいものであったと述べているように、一高での運動会は、単なるスポーツ競技大会の浸透を意味しない。言い換えれば、西欧からもたらされた「文明の精神」を身につけることによって、帝国日本の指導者を養成する気質を涵養しようとした試みであったに他ならない。事実、菊池は、こうした価値観は、「それで、運動会競争はこの気象を養成するに適当なる一つの手段である。右等の如き慣性を作る為めに最も有効なりと認めました」[44]と述べ、ストレンジの創った「運動会」を通じて培われていくだろうと演説している。

さらに、菊池は、これらの精神は「古より武士気質として尊んだものと一致して居る。即ち日本には特に武士には昔より固有の精神があるが、どうも近来は動もすると此等の気象が消失したかと思わしむることがある。それで運動会競争は斯の気象を養成するに適当なる一つの手段であり」[45]と、古来日本の武士の気質を引き合いに出して、その浸透が進むように導いている。しかも「武士」という言葉を巧みに利用し、ナショナリズムを喚起しようとしているかにみえる。英国に二度も留学し、新たな文化に触れたはずの菊池が英国のスポーツ精神を単純に伝統的な概念である「武士道」に置きかえることは、時代の精神に逆行する。なぜならば、こうした精神を「武士道」の概念に容易に置換できるのであれば、わざわざ英国人のストレンジを日本に招聘する必要がないからである。運動会に賛同する必要もない。仮に、真に日本の武士気質に通じる必要があると考えたのであれば、武道や武術の師範を雇用すればよいはずである。ではなぜ、武士気質に言及したのかということが、問題にされなければならないであろう。西欧列強に屈しない近代国民国家のエリートを育成するためには、西欧流のスポーツ文化を英国人から学ぶ必要があることを菊池は理解していた。それは、文明社会に通用する近代国民国家形成を成し遂げる上での近代日本の礎としての規範を獲得させることが目的であったに他ならない。それゆえ、近代的な新しい価値観を武士気質の語に例えて普及させようと試みることは、こうした脈絡に関与した文化ナショナリズムの影響を考慮しておく必要があるということになろう。これについては後述したい。

以上のように、ストレンジの果たした役割は、英国スポーツ文化やパブリックスクールで学んだスポーツ規範を東大や一高というエリート校にもたらしたことであったが、単なるスポーツの奨励ではなく、スポーツによって学ばれるべき近代的徳性をもたらしたことが重要であった。

運動の推奨はその後の一高校長へと受け継がれていく。ストレンジが運動会を根付かせるために組織を作ることに奔走した結果、「渡邊洪基総長を会長に据えて〈運動会〉は発足」[46]する。この「運動会」は、現在の大学の「体育会」のもとを形成し、校友会の名で定着していく。それを具現化したのが木下広次校長であった。また木下は渡邊総長とも親交が深く、ストレンジのスポーツ教育を継承していく。

ストレンジが一高生にエリートに不可欠とされたスポーツ規範を伝えた功績は評価すべきものである。しかし、当時、日本にスポーツを伝えたのはストレンジだけではない。例えば、サッカーを日本にもたらしたとされている、英国海軍の Archibald Lucius Douglas（ダグラス）もまた、運動会を日本で実施した一人である。このように、外国人教師がスポーツを日本に伝えるといったことは当時珍しいことではなかった。山口県で言えば、H・A・ステーベンスが札幌農学校のウィリアムス・クラークの来日より五年も早く、岩国市に西欧文化をもたらしたことで知られている[47]。また英国スポーツの伝播は世界的な現象であり、日本が特別だったわけではなかった。但し、スポーツ規範が日本的気質に包摂され、武士道を通じて定着が模索されたという点では特徴的であったと言えよう。

註

1）『資料御雇外国人』は、官雇の外国人をほぼ全員掲載しているが私雇の外国人については不明な点が多く部分的である。同一人物の可能性が高くても、登録されており、二重登録を勘案すれば、正確な実態は表していない（ユネスコ東アジア文化研究センター編『資料御雇外国人』小学館、一九七五年、四九三頁）。
2）『第一高等学校六十年史』第一高等学校、一九三九年、一頁。
3）同上、六六頁。
4）同上、八〇頁。
5）同上、八〇―八二頁。
6）同上、一〇〇頁。
7）高橋孝蔵『倫敦から来た近代スポーツの伝道師　お雇い外国人F・W・ストレンジの活躍』小学館、二〇一二年、七頁。
8）同上、七〇頁。
9）同上、七一頁。
10）同上、七二頁。
11）同上、七三頁。
12）同上。
13）同上。
14）同上、九四頁。
15）同上、九七―九八頁。

16）同上、一〇二頁。
17）同上、一〇三―一〇四頁。
18）同上、一三九頁。
19）同上、一五八頁。
20）同上、一五九頁。
21）F. W. Strange『*Outdoor Games*』丸家善七（出版人）、一八八三年、一三頁。
22）同上、七頁。
23）同上、一〇頁。
24）同上、二一―二二頁。
25）同上、三七頁。
26）高橋、前掲書、一四二頁。
27）同上。
28）同上。
29）同上、一四三頁。
30）同上、一五九―一六一頁。
31）菊池大麓「運動の精神」『運動界』第三巻第二号、運動界発行所、一八九九年、一頁。
32）同上。
33）村岡健次「「アスレティシズム」とジェントルマン―十九世紀のパブリック・スクールにおける集団スポーツについて―」村岡健次、鈴木利章、川北稔編『ジェントルマン・その周辺とイギリス近代』ミネルヴァ書房、一九八七年、二五〇頁。
34）菊池、前掲論文、一頁。
35）同上、二頁。
36）池田恵子「ジェントルマン・アマチュアとスポーツ―十九世紀イギリスにおけるアマチュア理念とその実態―」望

田幸男、村岡健次監修　有賀郁敏編『スポーツ』ミネルヴァ書房、二〇〇二年、四頁。
37）ピーター・マキントシュ（水野忠文訳）『フェアプレイ』ベースボール・マガジン社、一九八三年、序文v頁。
38）菊池、前掲論文、二頁。
39）同上、二頁。
40）阿部生雄「〝筋肉的キリスト教〟と近代スポーツマンシップの理念形成—チャールズ・キングズリを中心として—」『岸野雄三教授退官記念論集　体育史の探求』岸野雄三教授退官記念論集刊行会、一八三二年、一一〇頁。
41）菊池、前掲論文、三頁。
42）同上、二頁。
43）ピーター・マキントシュ、前掲書、一七三頁。
44）菊池、前掲論文、三頁。
45）同上、三頁。
46）冨岡勝「旧制高校における寄宿舎と「校友会」の形成—木下広次（一高校長）を中心に—」『京都大学教育学部紀要』第四〇号、一九九四年、二四六頁。
47）上杉進「英学事始め—in Iwakuni—岩国英国語学所と英国人教師ステーベンス」『英学史研究』日本英学史学会第三一号、一九九八年、三〇頁。

※本節は、船場大資「『明治武士道』にみる『文明の精神』の普及：新渡戸稲造と実業之日本社を中心に」（『東アジア研究』第一三号、二〇一五年、二三三—二四五頁）及び船場大資「明治期におけるスポーツ規範に関する研究」（『山口県体育学研究』第六〇号、二〇一七年、一—七頁）を加筆・修正の上、転載した。

第二節　木下広次校長時代

第一項　木下広次のエリート像について

木下広次校長の誕生

次に、木下広次の校長時代について述べる。ストレンジが運動会を開催した五年後に、一高の教頭に着任したのが木下である。

木下は、「明治八年より七年近くの間、フランスのパリの大学に留学」[1]しており、西欧社会を充分に視察してきた人物である。その後、第一高等学校の教頭及び校長を歴任すると、自治制寄宿舎や校友会の設置などの改革を行なった[2]。

赴任以前の木下は、帝国大学法科大学教授を務めていたが、同時に一高の教頭職を兼任した。「明治一六年事件」[3]が起きるなど一高の風紀が乱れていた時期であった。木下はこの事件の際に事態収拾に携わった。

一高を改善しようとした森文部大臣から木下は直接依頼され、一高の教育方針を一任されたために、帝大教授と一高教頭職を歴任するに至った[4]。彼は教頭職を一八八八年から一八八九年まで担うと、そのまま校長となり一八九三年まで務めた。その後の彼は、文部省専門学務局長を経て京都帝国大学の初代総長として活躍したことからも、彼の一高での教育活動は高く評価されたことが分かる。当時の木下の評判は、以下のように記されている。

其の始め入りて法科大学教授の任に就くや、主として学生の品行上に着目し、又大いに人材陶冶の点に心を傾けたり、或人之を評して曰く、大学に人傑あり、上に渡邊総長ありて之を統治し、下に木下評議官ありて之を助く、以て益々帝国大学の基礎をして鞏固ならしめたり[5]

木下は、教員として学生の品行に注目しており、大学での人格陶冶と教育の面での活動が賞賛されていた。彼の評判は、人格陶冶においての手腕への評価であり、加えて、ストレンジの手によって作られた「運動会」の会長である渡邊総長の腹心であった。ストレンジがもたらしたスポーツ文化は、木下へと受け継がれた。事実、木下は、一高生や京大生に積極的に校友会でのスポーツを奨励し、京大でも運動会を開催するなどスポーツを推奨し続けた。加えて、ストレンジがもたらした東大の運動会を理想とするなど、木下は英国的な規範を重視しながら、スポーツを奨励した。

このことは、木下のスポーツ観や彼が奨励した運動会をみると東大の運動会の影響を受けており、英国流を推奨していることから分かる。京都大学総長時の演説が、雑誌『運動界』に掲載されている。

彼は、一八九九年に京都大学で陸上競技運動会を開催した。彼は運動会開催の理由について、以下のように述べた。

各人の嗜好一ならざるが故に、競技亦多数ならざるを得ずとせば尚可なり。其の多種なるを望むの極遂に余興的・滑稽的・祭礼的の遊戯を加へ、新を競い、奇を衒い、揚々として観客に誇るに至りては吾人是を怨することを得ず。選択試験の主旨を以て執行せらるる東京帝国大学の競技会を見て、直ちに之を各所の学校に遷し、其の多種なるを以て、運動会の本旨実に斯の如しと為すに至れるもの滔々として皆然らざるはなし。之れ豈に嘆ずべきのことならずや[6]

木下は、京大生が滑稽とされる競技を行なうことで、観客が楽しむことを目的にした運動会を理想としたのではなかった。東大の運動会を京大にもたらし、その精神を普遍化させていきたいと述べている。その精神とは、前節で論じたように、英国流スポーツ規範に他ならなかった。また木下は、競争競技を重視する理由を以下のように述べた。

或る軍人の談話に徴するに、我が帝国の軍隊を以て、欧米諸国の軍隊に比すれば、最も多く駆走する軍隊なりと云う事素より一場の談話に過ぎずして事実の之を明らかに証する者を得ずと雖ども、日清戦役に於ける我が軍隊突貫の多き、或は敵火を望見して早く已に突貫の用意を為せる者あるに至れりと云う戦術上の可否は、措て論ぜず。兎に角、駆足好きの軍隊なりと称するも不可なきものの如し。果たして然らば駆足は一長技として、大和民族専有に帰すべきもの。或は期するに難からざるべし。然るときは、学校の競技亦多数を要せず競争の一技を以て世界万国に当る[7]

日本の軍隊が、疾駆する戦術をよく採用するため、学生は走ることを学ぶ必要があり、事実、日清戦争において、突貫が多く、それらを踏まえ、疾駆することを日本人の特色にするためにも、走る能力を学校で培う必要があると述べている。

さらに木下は、帝国主義国家日本の将来を見据えて、身体を鍛えたエリート青年が疾駆する戦場についても言及した。

支那四百余州を駆足するも善し、以て西邊利亜の広原を突貫するも可なり。駆足の進歩を企図せる大日本国の青年が駆足以て、身心を練磨するも亦妙ならずや。是れ其の競争を採用せる所以なり[8]

当時の日本の国際関係を背景に、中国やシベリアで戦うことを前提に運動を通して鍛えられる身心の重要性が強調され、当時の帝国主義的風潮が反映されている。また、次に示すように、菊池同様に、木下の場合においても理想の運動会は英国にあった。

諸外国の学校に於ける運動会に就きては、…中略…「ケムブリッヂ」及「オックスフォード」両大学間の競技は全く競漕の一技に止まり、固と両大学間の他流試合に外ならず。而して之を行うもの非常の熱心を以て之に当るが故に、之を看るものも亦非常の熱心を以て之を迎うるなり。若し此等の競漕をして単に観客の目を喜ばしむるを以て目的とするものならしめば、其の結果豈に此の如くなること得んや[9]

オックスフォード対ケンブリッジの伝統の競漕の対抗試合を引き合いにだし、全力で戦えば、それに観客が感動し、学生が全力で競技に打ち込む運動会こそ本物であるという認識が彼にはあった。さらに、賞品についても、次のような弁に現れている通り、無報酬の精神を貫く英国流アマチュアリズムの精神と名誉の観念を重視して、拒絶している。

> 大学生にして、現に青年者の標準となり、未来は社会の上流に立つべきものが賞品を得んと欲して競技することあらば、是れ余の諸君と共に屑《ママ》とせざる所なり。故に賞品は、単に優勝者の名誉を表彰するに止めん[10]

このような観点からも、木下は英国流の運動会を尊重していた。そして、国家を担う青年を育成すべき学校行事に英国におけるエリート養成が重視した価値観を見出していた。

以上のように、木下が京都大学で積極的に運動会を開催した事実や、英国人ストレンジの創始した東大の運動会を理想としていたことは興味深い。これは、木下が西洋への留学経験や、東大、一高での校長時代を通して、スポーツが青年に与える影響の重要性を理解していたためだと考えられる。国家のためにエリートを育成することとは、近代国民国家形成まもない日本国を守ることに等しかった。木下が考える国家を担う若者を教育することは、一高での経験を原点とした普及活動に他ならない。ストレンジから渡邊、木下へと引き継がれたエリート教育の方針には共通項があった。それらはスポーツを積極的に取り入れたところにある。つまり、彼らにとってのスポーツ教育とは、エリートが有すべき特性の陶冶を帝国日本に浸透させる試みであった。

木下の演説

木下が一高に赴任すると積極的な改革に乗り出していく。次に、全寮制寄宿舎の導入や彼の教育方針を考察する上で彼の演説に注目しておきたい。この演説は木下が教頭として赴任した際の全校生徒にむけた演説である。本演説は冨岡らの研究で明らかにされているが、ここでは、一高生がスポーツ規範を尊守するようになる上で、どのような教示がなされたのかに着目しておきたい。

木下は冒頭で「今日述る事は、後日に聞かず知らずを口実とする如きは予め謝絶」[11]すると述べており、学生に向けて彼の教育理念の徹底を図るとともにその強い意思を表した。

木下は一高生の存在を「後年社会の上流に立ち、学術にあれ、技芸にあれ、政治にあれ、日本中の先達となりて日本を指揮すべき人びとなり」[12]とし、一高生にエリートとしての自覚を促している。その彼の理想とするエリートとしての姿として、「品行は端正に、志は高尚にして、他の青年者の標準ともなるべきは素より当然」であるという。続けて、そのようなことをいまさら言うのもどうかと思うが、「今の有様を観察するに諸君は如何なる気風を有して社会の尊敬を得しや」[13]と一高生に他の青年の模範となる品性を備えるように激励した。

さらに、今の一高生に、「志意高尚なるや、品行端正なるや、剛毅活発の気象あるや、自重自敬自守の精神あるや。余も人も未だ一として諸君か此等の点を以て世に貴重せらるるを観ず」[14]と木下の理想とする規範を携えた一高生の少なさを指摘し、加えて、「近来の社会一般拠るべきの規律を失い終に卑猥無作法をも観て怪しまず。或は付するに書生風なる名称を以てせり」[15]と述べて、「書生」による感化を危惧している。

なぜならば、一高生がそうした社会からの影響を受けて、現に「教員諸君に対せらるる様をみるに、大抵教えを受くるか為に敬礼さるるに非ず。多くは、落第を恐れて礼すると言う様なる卑劣心より起ると思考す」[16]と、学生が成績を求めるために教員に敬礼するのは、私利私欲のために行動しているのであり、真の敬礼ではないと指摘する。しかも、それは一高生に「自重自敬自主の気風」が乏しいためであると説いている。木下はエリートの素養として、この「自重自敬自主の気風」を重視し、啓発していく。

では、どのようにして一高生に「(自重自敬)自主の気風」を身につけさせていくのか。木下は校友会と自治制寄宿舎を設置した。自治制寄宿舎は、英国のパブリックスクールにおける最大の特徴である。村岡によれば、「パブリック・スクールは、イギリスに独特なエリート教育のための学校」であり、「寄宿舎を重要な一特色」とし、「学生が、学校ないし寮で共同生活を送る、そういう男社会であった」[17]。エリート学校に自治制の寄宿舎を設置するという教育システムは、一九世紀初めに英国で誕生した。もう一つの特色に、「学業以外の時間における生徒の校内自治とその上に築かれたプリーフェクト＝ファギング制」がしかれていたことをあげている[18]。プリーフェクト＝ファギング制とは、監督生制度のことであり、最上級生をプリーフェクトに任命し、彼等が「下級生の指導ならびに生徒自治と規律の責任を負わせるものである」[19]。またプリーフェクトは、「下級生に罰を加える権限も認められており、むち打ちによる体罰を加えることができた」[20]。ファギングとは、上級生が自治という大きな責任をもたされている一方で、「下級生をファグとして自分に奉仕させる特権も有し、学校生活の秩序を維持するために、生徒間のタテの人間関係を有効に活用した」[21]ものであった。すなわち、このシステムは学校内の自治を維持するための方法であり、現在の体育会気質にも受け継がれている風習であるといえる。

木下の寄宿舎に関する研究は多く、寺崎昌男「自治寮制度成立史論」『旧制高等学校史研究』第一五号や高橋佐門『旧制高等学校の教育と学生』、ドナルド・T・ローデン『友の憂いに吾は泣く旧制高等学校物語』などがある。しかし、自治制寄宿舎に注目する一方で、校友会についてはあまり考察されていないと富岡勝が指摘している[22]。そこで、次に、寄宿舎制度と学生スポーツによってどのような一高生が誕生したのか、またそれがスポーツにどのような影響を与え、どのような日本的スポーツ規範が形成されたのかについて考察していきたい。

「自重自敬自主の気風」

先に述べたように、「自重自敬自主の気風」とは、一高生が国家のエリートとして備えるべき気風であった。この気風を育てるために木下は自治制寄宿舎と校友会を設置したように思われる。

木下によれば、西洋諸国の青年にはこの気風が備わっているという。つまり、「西洋諸国に徴するに、自重自敬の風社会礼節の事は大抵家庭教育の然らしむ所なり」[23]。と述べ、西欧の家庭教育の中では自然に育っているものであるという。木下は、日本にはまだ定着していないと考えて、自主性の啓発を試みている。

その背景には次のような木下の考えがあった。「諸君も此等の点は夙に家庭に在て発達成熟を得たるべきに、封建の主義廃れて新主義未だ確立せず。因て父兄も亦た家庭教育の方向に迷い、遂に今日の結果を起こせり」[24]という。すなわち、江戸時代が終わり間もないため、明治期という新しい時代を担う教育ができていないと考え、明治期という帝国主義の時代を担う教育に、西欧社会の教育をいち早く取り入れる必要性を説いていた。

木下は続けて、「余大学にて数年実験せしに、本校卒業生の大学に入る者ありて希に或は多数打揃ふて品行正しく、学業も随て着実なる。…中略…その原因尋ぬれば、必ず其級内に於て二三の輩切磋して品行を重んじ団結して、一般の風習を避くるを務めたるより、他の同級生も自ら其の気風に感化せらしに原因せり」[25]と述べ、切磋琢磨して成長した優秀な先輩のエピソードを紹介していく。そして、「互いに切磋し与論を起し、団結を大にし第一高等中学校の一大団結を為し、自重自敬の気風を養成され、世人に本校生は尋常凡庸の書生に非ず」[26]と演説している。木下は、学校生活の中で互いに団結し、切磋し、学びあいながら、エリートとして成長していくよう願った。加えて、上級生から下級生へとその気風を浸透させていこうとした。彼の教育策を見る限り、切磋琢磨するための場は、自治制寄宿舎や校友会であったと考えられる。木下が理想とするエリートとしての振る舞いとは、西欧社会に通じるものであった。

諸君の行状を見るに、帽子の儘教室出入りするあり…中略…西洋にても斯くあらんと想像する人あらば殊の外の量見違いなり。西洋諸国にて社会と宗教とか礼儀礼節に制裁を与ふるの厳重なることは、恐らく諸君の想像外なるべし。当時の学生生徒の無作法、無礼譲なるは諸国に比例なしとて、或る外国人教師が大学にて余に向って驚嘆したる位なり。今日よりして以来は是迄の通心得られては諸君の不幸を招くも知るべからず[27]

木下は、当時の一高生の作法に対して、エリート規範としてそぐわないと指摘した。そして、西欧社会のマナーを身につけるべきであると述べた。西欧の礼儀作法は木下にとっては重要であった。「校内に在て僅も礼儀を忘却する如き輩は、厳重の処分を執るべし」[28]。この一言には木下の決意が感じられる。

次に寄宿制度について述べる。「第二に申すべきことは寄宿舎のことなり。外宿の風習は実に諸君に毒薬なり。校外一歩皆敵の決心あらば寄宿舎の必用は多言を要せず」[29]と外の世界から籠城するために全寮制を推奨している[30]。

第三に規律については「坐作進退の稽古なれば、又一の学問にして、無用のものに非らず」[31]と言及する。加えて、「軍人の規律の如く偏に柔順を旨とせず、男らしき多少の粗暴は諸君青年の天性なれば」[32]許すと述べており、「マンリネス」を涵養すべき場と考えられていたことが分かる。「マンリネス」は、先に述べたようにアスレティシズムにおいて重視される徳目、「男らしさ、剛健の気性」であり、英国のパブリックスクールで最も尊ばれていた規範であった。このように、木下は全寮制寄宿舎を導入する上で、英国のパブリックスクール同様に、その空間で培われる徳性に期待している。

第四に、一高生は国家に有用たる人物に育たなければならないという。

諸君が本校に入りたるは学術競争の結果なり。諸君は天下の青年者を相手とし、劇しき競争に打勝ちて勝利を得たる人々なり。…中略…世人も此の人々は、我々の子弟を打ち越し競走の場にて勝ちを占めたる人々なれば、凡庸の青年者に非らず。必ず志意高尚、品行端正にして有為活潤の気象あるに相違なく、他日国家の器用たるべしと云う羨望あるは事実なり。然るに諸君は其反対に出て卑劣柔弱の為行あらば、世人を欺むくの人なり。本校は此の如き人を容るるの余地なし[33]

木下は、受験競争に勝って一高に入ったからには、社会から尊敬され、また国家にとって有用な人物に育たなければならないとし、相応しくないものはこの学校には不要であると諭している。当時の国家にとって重要な人物とは、外敵から国家を守り、そして発展させることができる能力を有するものであった。そのために、彼は就任演説で学生に礼儀を守ることを徹底するように求めていた。ここに木下の理想としていた教育思想の真髄として品性端正、国家に有用たる人物への成長をみることができる。それらは英国アスレティシズムが尊ぶ、社会的フェアプレイ、卑怯な行為を卑しむ感性と共通している。

護国旗制定

さらに、木下は国家という概念を一高生に定着させようとする。そもそも国家を構成する国民の概念はどのようにして浸透するのか。ベネディクト・アンダーソンによれば、「国民とはイメージして心に描かれた想像の政治共同体である—そしてそれは、本来的に限定され、かつ主権的なもの〔最高の意思決定主体〕として想像される」[34]ものである。さらに言えば、「国民は一つの共同体として想像される。なぜなら、国民のなかにたとえ現実には不平等と搾取があるにせよ、国民は、常に、水平的な深い同志愛として心に思い描かれる」[35]と説明している。すなわち、近代国民国家における国民とは、人が国家という概念を想像し、自己の内に創りだすことで、国民という共同体が誕生する。国家という想像の共同体が誕生したのは、「十八世紀がナショナリズムの時代の夜明け」[36]と述べられているように、一八世紀以降、世界に国家が誕生していく。西欧列強との生存競争に負けないためにも、近代国民国家の完成を急いだ日本もまた、この共同体を創っていく。

国家の中枢を担う人物になるようにという一高生に対する木下の願いは、学校や国家全体の期待でもあった。それゆえ、彼は国家と学生自身が国民であることを想像させる必要があると考えていた。それが、護国旗にあらわれている。護国旗は、木下によって一八八九年二月五日に制定されて以来六〇年以上、「校旗とは呼ばず、常に護国旗と称され」た[37]。

この旗にこめられた意味とは、久原（射弦）校長によれば、「特に「國」の字を入るるは、伝えて云う、森文部大臣の発意なりと。即ちこれ、将来国家最高の教育を受け、国家中枢の地位に立つべき本校生徒の、国家的精神涵養の対象たらしめんとせしものにして、実に本校教育の真髄を具現せるものというべきなり」[38]と記されており、木下を招聘した森が、国家に立つべき人材に成長して欲しいという意図をこめた。そして、一八九五年には久原校長（木下は前々校長。前校長は嘉納治五郎である。また久原は木下校長時代の教頭であった）が、次のように演説している。

木下前々校長が此の旗を作り…中略…吾人が此の旗を捧持する時は、恭敬赤誠吾人をして自ら国家的観念を助長し、国家の為には同一の精神を以て全校一致、身命をも顧みず砲烟弾雨を冒すの大決心を起さしめんが為にして、護国旗の称偶然に非ざるなり、故に此の護国旗の赴く所は水火も避ざるの意気を存すべきこと何ぞ軍隊の聯隊旗と異ならんや[39]

このように、木下の手によって誕生した護国旗は、国家を守護するために、命を惜しまず、砲弾の中で戦う青年に成長し、生存競争に打ち勝てという意味が込められている。そこには社会ダーウィニズムの影響も感じられる。

また護国旗は天皇への忠誠、忠君愛国の精神を生徒に鼓吹するものであった。ローデンが、「一高生にとって、校旗の意味する全体的概念は理解できないところがあった」とし、木下が護国旗を作成した一八八九年頃には、「この時期には、かつての予備門時代に対する忠誠心は事実上存在しなくなっていたからであった」[40]と指摘している。なぜ護国旗は、久原校長の演説にみられるような意味をもったのであろうか。それには明治天皇が関わっている。護国旗の公開はわざわざ憲法発布の日に合わせられた。加えて、木下は「校旗の公開の他に憲法発布の式典の一週間前から、その準備のために授業を休講にした。一高資料によれば、そんなある日、彼は全学生をグランドに集めて彼の前に立たせ、〈天皇陛下万歳〉を懇切丁寧に指導した」[41]という。

憲法発布の日になると、生徒は宮城へと行軍した。この時の旗手が若槻礼次郎であった。また「OUR TRUE HEARAT」と書かれたプラカードや、日本国旗、陛下万々歳と書かれた巨大な旗を翻した。最敬礼した一高生の姿と護国旗を明治天皇が謁見したときの様子が一高史に残されている。

本校一千の健児初めて此の護国旗を擁して…中略…畏くも陛下には護国旗に対し御会釈を賜りしと伝えられるる至上の光栄に輝くもの、正に本校永遠の重寶となすべし[42]。

この瞬間に校旗が、国家に忠誠を果たすための「護国旗」と一体化している。一高生に国家概念と忠君愛国の精神を涵養しようとする木下の考えは、学校と国家を結び付けた忠誠心が護国旗によって、象徴的に体現されている。

以上のように、護国旗には国家にとって有用な人物へと成長して欲しいという願いが込められており、そして、生徒もその精神を理解し、一高の誇りとする。このことは、寮歌にも表われており、「代表的な一高の寮歌から見て来ると、〈自治〉、〈護国〉、〈正義〉というような語を頻繁に用い」、「明治期はその伝統の〈護国調〉を完成した時期といえる」[43]と指摘されている点と合致する。こうしたことからも、「護国旗」は寮歌同様に一高生にとって、忠君愛国を意味するエリート教育の象徴的役割を果たしたと考えられる。木下校長の教育方針は、まさしく近代国家の概念をエリート教育を通じて普遍化することであったといえる。これもまた「文明の精神」が含みもつ使命であった。したがって、護国旗を単純なるナショナルな表象と捉えることはやや浅薄である。イギリスにおいてもエリートスクールへの忠誠心が、一九世紀末に、大英帝国への忠誠心に回収されている。ボートレースにおける学校のロゴ（徽章）ないしエンブレム（紋章）はまさしく護国旗同然であった。西欧の学校に精通していた木下が、この深い帝国主義的連帯の意味を見逃すといったことの方が考え難い。

総じて言えば、木下の使命とは、国家の中枢を担う人物（エリート）の育成であった。そして、彼によって具体化された教育が、自治制全寮寄宿舎と校友会の設置であった。こうした木下の考えを通して、エリート教育機関においてスポーツが奨励されていく近代日本を背負ってたつエリート養成と、他国に侵略されない軍備、産業をソフトウエアの面から支える構造がその背景にあった。一高改革に力を注いだ木下はこうしたスポーツと社会ダーウィニズムをつなぐ構造の介在者であったと言えよう。

次項以降では、木下の一高の改革が極東版のパブリックスクールであったことをさらに検証していく。木下が行なった教育方針は、一高生にどのような具体的影響を与えるものであったのか。

第二項　寄宿舎の設置

これまで述べてきたように、木下が理想とするエリートを育成する上で、重要であったのは自治制の寄宿舎というシステムであった。そこで期待されたことは、「男らしさ」や「自主性」の涵養などであり、英国的な規範を浸透させることであった。

自治制は一八九〇年に取り入れられた[44]。東寮と西寮が建設され、木下が基本精神としての「四綱領」を示した。『第一高等学校自治寮六十年史』によると、「木下校長の告示が、一高自治寮の立寮の意義を明確に表現したものとして、…中略…新しく入寮する者に対して、例外なく〈記事朗読〉として読み聞かせられるようになった。〈我が校の寄宿舎を設けたる所以のものは〉に始まり、〈諸子夫れこれを勉めよや〉で終わる約二千語の告示」[45]が行なわれた。ここで、入寮者に徹底された当時の告示を『第一高等学校自治寮六十年史』から示しておきたい。

（一）近来わが国の風俗が乱れ、とくに学生たちの下宿生活は勝手気ままである。一高ではこの狂った情勢に対抗して徳義を維持しようと…中略…この乱れた下宿の学生たちと一緒にいるのでは、立派な行いをし、徳義を積むなどということは木に縁って魚を求めるようなものである。

（二）こうした悪風に染まらずに修学するには籠城の覚悟がなければならない。

（三）一高寄宿舎の目的を達成するためにも入寮者は四つの綱領を奉戴し、目的を達成するために努めなければならない。

第一に自重の念を起し廉恥の心を養成すること

第二に親愛の情を起し公共の心を養成すること

第三に辞譲の心を起し静粛の習慣を養成すること

第四に摂生に注意し清潔の習慣を養成すること

（四）上の目的を達成するためには、区々たる規則に頼り、また管理者の手を借りて出来るものではない。寮生自身が己の地位と責任を自覚し、自ら治めようとする精神を奮い起こし、寮友同士がお互いに切磋琢磨して戒め合うべきである。

（五）全国五つの高等中学校の首位を占めて世間に尊敬されること他校の比ではない諸君に、私（木下）は十分な信頼を置いている。従来のような干渉の制度を廃し、諸君の自治に委ねようとするものである。すなわち当校としては、寄宿寮主任を置いて大体を監督させ、寄宿係に細務を執らせ、会計の事務を会計係に扱わせることとするが、寮内の一切の規約は諸君の全体の会議で定め、学校の許可を経て実行するようにし、寮内の整頓の責任は諸君自らが当たるということにしたい。要するに自治である。諸君の努力を望む[46]

木下は、外部からの籠城、教育方針である四綱領、学生の自治を訓示した。四綱領では、廉恥心、公共心、静粛の習慣、清潔の習慣といった西欧社会の規範を示した。一高生をエリートとみなしたこの教育は、一高生にとって誇りとなっていく。当時二年生の赤沼金三郎は、これまでの寄宿舎は、「監督を厳しくし、我々を子供のように扱ってきた」が、木下校長は、「四綱領を示すだけで我々に寮の自治を与えようと言われた。寄宿寮を生徒の自治に任せ、規約の編成も生徒の手に委ねるなどということは、わが国の種々の官立学校に例がない」ゆえに、「もし自治に失敗したら天下の笑いものになろう。我々の立場やわが国の将来を思うとき、そのような不体裁をして世の人に笑われるくらいなら、今すぐ校長に頼んで適当に監督してもらう方がましである」[47]と述べた。赤沼の発言からも、自治制が当時の日本の教育の中では、革新的であり、学生にとっても衝撃的な出来事であった。

ローデンは、こうした一高生の寄宿舎での学生生活を読み解いた。『友の憂いに吾は泣く（上）（下）』の原題は『*Schooldays in Imperial Japan*』であり、帝国主義下エリート校の学生生活を検証している。

“Baseball and the Quest for National Dignity in Meiji Japan”（「明治期日本における国家の威信の追求と野球」）では、一高生らエリート学生が、野球でアメリカに勝つことは、ナショナリズムを高揚させる上で重要な役割を果たしたことを指摘した。

すなわち、ローデンは、英国において、一九世紀中葉ころから増大した自治制寄宿制度が、帝国主義下で、日本のエリート教育に採用され、さらにスポーツが多大な影響を及ぼしたことについて論じている。また、木下の教育改革は、自治制寄宿舎の伝播の波が日本にも到来したこと、日本もまた英国のパブリックスクール同様にスポーツが奨励された事実を示している。西欧流の「文明の精神」が、自治制寄宿舎とスポーツによって涵養されたことは、偶然ではない。スポーツの国際化と政治に詳しいマーティン・ポリーが述べているように、「東のイートン校として知られたインドのマヨ・コレッジ」において、「英国のパブリックスクールにおけるスポーツ崇拝の時期の付随していた価値がそのまま彼らの新天地に置換されたも同然だった」。「インドに限らず、カリブ海に浮かぶ西インド諸島の学校の状況も、熱帯地域版《トロピカルな》『トム・ブラウンの学校生活』に他ならなかった」。ポリーは帝国を通じて、「忠誠心やチームワーク、規律、克己心、団体に対する自発的犠牲心、そして―おそらくもっとも重要であった―スポーツ《プレイ・ザ・ゲーム》を実践するという考えがすべてスポーツを通じて教えられた」[48]とも述べている。

このような視点を投じれば、一高で生じたことは、まさしく「極東のパブリックスクール」であったと言って過言ではないだろう。

第三項　校友会の設置

木下は、自治制寄宿舎に加えて、校友会を設置した。校友会は学生が運動部や弁論部、雑誌部などを網羅する校友会を組織せよと決議し、木下校長が賛同したことで一八九〇年一〇月二四日に設置された[49]。

「本校の職員生徒及び本校に縁故ある者を以て会員」とし、「文武の諸技芸を奨励する」[50]とあり、生徒のみならず学校関係者にも奨励されている。当初の運動部は、「文芸、ボート、撃剣、柔道、弓術、ベースボール、ロンテニス、陸上運動、遠足」[51]の九部からなる。一高の校友会は、他の高等中学校に比べ、運動部が多い。例えば、翌年の一八九一年に校友会を設置した第五高等中学校では、「雑誌部、演説部、撃剣部、柔道部、弓術部、戸外遊戯部」の六部であり、第二高等中学校は一八九三年に設置され、「文芸部、科学部、武芸部、雑誌部」の四部であった[52]。

一高の校友会の大幅な改変や規則の改定が行われたのが一九〇八年である。規則は、「本会の目的は会員の親睦を厚うし心身の修養を図り、以て校風を発揚するにあり」[53]とあり、スポーツによって心身を陶冶し、校風を形成することが明言された。こうした校風は、学生たちも望むところであった。一八九八年『一高校友会雑誌』（九三号）に「悲しき哉、吾に吟ずべき国歌なきなり、吾に唱すべき校歌なきなり、吾に謳うべき寮歌あらざるなり。吾は、我が国民に大陸的なる雄豪の意気を注入すべき国家を求めて已まず、吾は我校友に勤勉尚武の実を挙げ、文に武に天下学生界に覇たるべき英風を鼓吹すべき校歌を望みて已まず」[54]と投稿された。国歌と校歌、寮歌は並び評されており、国家への帰属意識を示すものであった。この投稿には、国家を担うエリートとして期待された精神が映しだされている。しかも英国の学生生活を理想として、勤勉尚武と文武両道の精神を得ようとしている。学生たちには自治制寄宿舎の生活と校友会でのスポーツを通じて、英国的な気風を身につけることが期待されていた。

一九〇八年には部の改変が行われ、各々の名称も変更された。部数は一五に増加し、「文芸、端艇、撃剣、柔道、弓術、野球、陸上運動、水泳、弁論、旅行、庭球、ア式蹴球、ラ式蹴球、籠球、空手」[55]で構成されていた（ア式蹴球は、アソシエーションフットボールの略でサッカー。ラ式蹴球は、ラグビーフットボールの略称）。

先の村岡によれば、アスレティシズムとは「運動競技、わけてもクリケット、フットボール（サッカーとラグビー）、ボートといった集団スポーツを人格陶冶のための有効な教育手段として重要視する態度」[56]である。一高の校友会にみられるスポーツはアスレティシズム的態度を涵養する集団スポーツが中心である。このことは、黎明期の日本のエリート教育機関においても、エリートとしての人格を涵養するスポーツ教育から始まったことを示している。

しかしながら、一八九〇年の発足時には、英名であったボート、ローンテニス、ベースボールの三競技は日清・日露戦争を経て、日本語表記に変化した。例えば、籠谷次郎は、一八九四―九五年にかけて愛知県が行なった調査から日清戦争が従軍者の家族・児童の感情、一般の意向の変化を以下のように指摘した。「調査の結果、共通して述べられているのは、〈敵愾心〉の奮起、〈愛国敵愾〉の気風、〈忠君愛国〉の観念を強めたという指摘である。また国家思想を明確にしたこと」などがみられたという[57]。それゆえ、部活動の名称が和名に変化したことは、スポーツと文化ナショナリズムの結びつきを示している。

加えて、『第一高等学校自治寮六十年史』によれば、ローンテニス部は、婦女子の遊戯として廃部とされた[58]一高とは、パブリックスクールと同様に、男子学生だけで構成された男社会であり、女性的な要素に何らかの抵抗があった可能性がある。婦女子的な要素の排除は、アスレティシズムの中心にあったシンプル・マンリネス（質実剛健）の精神と共通している。こうした事実の中にも英国のアスレティシズムの影響の一端をみることができる。

第四項　極東のパブリックスクール

これまで述べてきたように、一高では自治制寄宿舎を導入し、スポーツを奨励した。それらを通じて一高生は国家を担うエリートとしての特権意識を認識した。木下は、選ばれた男子学生を社会から隔絶させ、自身や国家の理想としたエリートを創りあげた。スポーツ規範はこのようにエリート教育にとって重要な役割を果たした。

ところで、ローデンは、「もし仮りに、昔の武士道の教えが時代を間違えて出現するとしたら、ビクトリア朝時代のパブリック・スクールに流行した〈筋骨たくましいキリスト精神〉ぐらいのものであったろう」と述べ、「一高のスポーツ選手たちは、さながらエール大学のラグビー部の片ワレに酷似していた。そして、弱々しさ、女々しさ、それに快楽主義や博学主義をも認めようとしないやり方で人間を分析したダーウィン主義者の理論が、社会に適応時代には、一高運動部は格好のモデルとなった」[59]と指摘し、一高生と西欧のエリート学生の類似性について言及している。

ここで重要な指摘に出会う。ローデンは一高の研究を通じて、日本的とされる特性を「武士道」と解釈し、それは世界的に見れば共通するものがあるとして以下のように述べている。「旧制高等学校の蛮カラ主義が日本人特有のものであるという仮説は、国際的な視点からは成り立たない。ビクトリア朝時代のパブリック・スクールやニューイングランドの東部の大学の同時代の記録には、日本の旧制高等学校とよく似た生活がつづられている。たとえば下級生への制裁、男らしさとか自己犠牲の尊重、成文化されてはいない習慣に対する過度の忠誠、などがそれである」[60]。ローデンは、一高研究を通じて、「武士道」といった日本的徳性が、特に英国の学校で育まれた徳性と類似していたと論じている。つまり彼は、一高研究から社会ダーウィニズムの影響を示唆している。このことは、「文明の精神」形成の観点から次のように整理できる。西欧論者の言う「武士道」精神とは、「文明の精神」の受容の結果、登場した規範である。前章で示したように、明治期日本の「武士道」は創られた伝統であり、新渡戸の言う『武士道』は日本人に西欧流の「文明の精神」を啓発するものであった。

こうした事実を勘案すれば、一高生の姿は、ビクトリア朝時代のパブリックスクールに流行した「筋骨たくましいキリスト精神」と偶々類似したのではなく、彼らの規範は紛れもなく、西欧から、とりわけ、英国から取り入れた「文明の精神」の擦り込み過程を映すものであると考えれば辻褄があう。西欧のエリート教育からスポーツ規範を取り入れた。木下の行なった一高流のエリート育成の方法とは、まさに極東版パブリックスクールの実現であったといえる。そこで、涵養された「質実剛健」などの日本的とされる規範は、英国のアスレティシズムが重視したシンプル・マンリネスの模倣としての帝国主義下の植民地で涵養された「文明の精神」と共通する。

しかし、これまで、国内における日本体育・スポーツ史研究では、上述のような見解は主流なものではなかった。たとえば、ローデン批判の中には、「一高の野球部員たちの自己主張を、帝国主義、そのイデオロギー的表現としての社会ダーウィニズムとエリート意識の結合物としてとらえる彼の主張は、はたして妥当なものだろうか。学生野球は、本当にそのようなイデオロギーによって染め上げられてしまったのだろうか」[61]とし、ローデンの指摘した社会ダーウィニズムによる影響について懐疑的に捉えることから始めて、その独自性の探究に力が注がれた。そのことは否定されるものではない。

但し、ローデンのいう当時のスポーツイデオロギーの様相は、近年明らかにされているアジアやカリブ海地域を含めた世界史としてのスポーツと帝国の関係史からみれば、個々の地域的特徴については差異があるにしても、ポリーが述べたように世界的なものであったことは疑いない。こうした状況の中で、日本だけが社会ダーウィニズムの影響から孤立無縁であり得たとは考え難い。たしかに、どの程度独自のスポーツ規範を成長させることは可能であったのだろうかという先に提示された点も注視されなければならないが、一方でこれまで言及してきたように、実際には、木下が極東版パブリックスクールを日本にもたらしたに等しいという前提を無視することも合理性を欠く。こうした背景を踏まえたとき、改めてローデンの言及した社会ダーウィニズムの影響を前提とすることで世界史的な観点からの時代の精神の明示化につながるように思われる。

そこで、次節以降では、木下以降の校長による、一高教育論を捉え、一高における「武士道」論の形成過程をより詳細に明らかにしていきたい。

具体的には、木下の校長時代の教頭であった久原躬弦校長や、『*Bushido: The Soul of Japan*』の著者新渡戸稲造の校長時代に焦点を絞る。

註

1）冨岡勝「旧制高校における寄宿舎と「校友会」の形成—木下広次（一高校長）を中心に—」『京都大学教育学部紀要』第四〇号、一九九四年、二四二頁。

2）同上、二四〇頁。

3）東大及び同予備門学生が学位授与式を無断で欠席し、さらに騒ぎを起こし、一四五名が退学処分をうけた事件。ただし一年後に全員が復学を許可された。（冨岡勝、同上、二四〇頁。）

4）同上。

5）武藤厳男『肥後先哲偉蹟　後編』肥後先哲偉蹟後編刊行会、一九二八年、六四八頁。

6）木下広次「木下京都大学総長の運動意見」『運動界』第三巻第五号、運動界発行所、一八九九年、一頁。

7）同上、三頁。

8）同上。

9）同上、二頁。

10）同上、三頁。

11）『第一高等学校六十年史』第一高等学校、一九三九年、一〇三頁。

12）同上。

13）同上。

14）同上。

15）同上。

16）同上。
17）村岡健次「「アスレティシズム」とジェントルマン―十九世紀のパブリック・スクールにおける集団スポーツについて―」村岡健次、鈴木利章、川北稔編『ジェントルマン・その周辺とイギリス近代』ミネルヴァ書房、一九八七年、二二八頁。
18）同上、二三〇頁。
19）藤井泰「パブリック・スクール」松村昌家、川本静子、長島伸一、村岡健次編『帝国社会の諸相』研究社出版、一九九六年、一六九頁。
20）同上。
21）同上。
22）冨岡、前掲書、二三七頁。
23）『第一高等学校六十年史』第一高等学校、一九三九年、一〇四頁。
24）同上。
25）同上、一〇五頁。
26）同上。
27）同上。
28）同上、一〇五―一〇六頁。
29）同上、一〇六頁。
30）「籠城主義」という。冨岡は、「社会一般、特に「書生」と呼ばれる学生一般の道徳的混乱状態を木下は指摘し、その影響が一高生にも及んでいると憂慮するのである」と述べ、「一般下宿に住んでいた生徒たちを校内に隔離する「皆寄宿舎制」の方針を打ち出した」と説明している（冨岡、前掲書、二四一頁）。
31）『第一高等学校六十年史』第一高等学校、一九三九年、一〇六頁。
32）同上。
33）同上。

34）白石さや、白石隆訳ベネディクト・アンダーソン『創造の共同体　ナショナリズムの起源と流行』NTT出版、一九九七年、二四頁。
35）同上、二六頁。
36）同上、三四頁。
37）一高自治寮立寮百年委員会編『第一高等学校　自治寮六十年史』一高同窓会、一九九四年、三七頁。
38）『第一高等学校六十年史』第一高等学校、一九三九年、一九四頁。
39）同上。
40）森敦監訳ドナルド・T・ローデン『友の憂いに吾は泣く（上）旧制高等学校物語』講談社、一九八三年、一二三頁。
41）同上、一二五頁。
42）一高自治寮立寮百年委員会編『第一高等学校　自治寮六十年史』一高同窓会、一九九四年、三七頁。
43）高橋佐門『旧制高等学校研究　校風・寮歌論編』昭和出版、一九七八年、四九頁。
44）一高自治寮立寮百年委員会編『第一高等学校　自治寮六十年史』一高同窓会、一九九四年、三一頁。
45）同上、三一―三二頁。
46）同上、三二―三三頁。
47）同上、三三頁。
48）二〇一四年三月日英比較スポーツ史研究会（於　山口大学）当日配布資料、マーティン・ポリー（池田恵子試訳）「スポーツと帝国・外交―一九世紀及び二〇世紀における英国のインターナショナルなスポーツ―」、一七頁。
49）高橋佐門、前掲書、一三二頁。
50）『第一高等学校六十年史』第一高等学校、一九三九年、一〇〇頁。
51）同上。
52）高橋佐門、前掲書、一四〇頁。
53）同上。
54）同上、一四頁。

55)『第一高等学校六十年史』第一高等学校、一九三九年、一〇〇頁。
56)村岡、前掲書、二二八頁。
57)籠谷次郎「国民教育の展開」井口和起編『近代日本の軌跡三　日清・日露戦争』吉川弘文館、一九九四年、一八二頁。
58)一高自治寮立寮百年委員会編『第一高等学校　自治寮六十年史』一高同窓会、一九九四年、四三頁。
59)ドナルド・T・ローデン、前掲書、二四一―二四二頁。
60)同上、二三五頁。
61)坂上康博『にっぽん野球の系譜学』青弓社、二〇〇一年、一四頁。

第三節　木下以降の校長時代

木下広次が校長職を辞したのは一八九二年であり、在任期間は三年余りであったが、教頭時代を含むと、約五年間一高の運営を務めた。木下の後任として着任したのは、嘉納治五郎であった。一八九三年九月一三日に、嘉納は一高校長と高等師範学校兼任を命じ[1]られた。一週間後の九月二〇日に、嘉納は転任し、久原躬弦が校長（この時点では校長心得であった）に就任した。久原の校長職在任期間は一八九三年から一八九七年までの約四年間であった。久原は、大学南校卒業後、米国ジョンズ・ホプキンス大学及びエール大学に留学している。久原もまた木下同様に西欧に精通していた。

久原は一八九五年に次のように述べている。「今日の文明開化も皆皇室の賜物にして、我国体の天下に比類なき所以亦是に外ならざるなり。苟くも此の国に生まれたるの臣民誰か忠君愛国の熱誠なきものにあらんや。吾人が孜々として学術を研究するも、聊か捐滲の微功を皇室国家に尽さんとするに在り」[2]。すなわち、国家の為に勉学に励み、国民として忠君愛国の精神を持つように促している。加えて、「国家の為には同一の精神を以て全校一致身命をも顧みず、砲烟弾雨《ほうえんだんう》を冒すの大決心を起さしめんが為」と述べ、身体もまた国家の為に尽すことを求めた。その理由は、「将来国家を維持するものは問わずして今日の青年、特に諸子の任なり、政府が年々莫大なる国庫金を費して諸子を養うは、此の大任を諸子に託せんと欲すればなり、故に諸子は、皇室国家の大恩を忘れざると共に忠君愛国の標旗たる護国旗に対しては十分赤誠の意を表すべし」[3]としている。このように、一高生は、将来国家のリーダーを担う人物であるとの自覚を促し、それゆえに国庫から多大なる恩恵を受けていることが強調されている。こうした方針は、近代教育システムの構築にとって要であった。

例えば、藤井泰は「パブリック・スクールの校長たちも帝国主義時代の風潮に無関係な人間ではなかった。むしろ熱烈な帝国主義者であった」[4]と指摘している。久原は、「今日の少年たちは明日の政治家であり行政官であります。イギリス帝国の将来は、彼らの手にあるのです。…中略…彼らの祖先が獲得した帝国を傷つけ、減少させる考えを軽蔑する、そういう人間に彼らがなってくれますように！彼らがその帝国を拡大し、堅固にし、賛美しますように！彼らが大いなる志を抱き、大いなる努力を傾注し、大いなる勝利を獲得してくれるように！これが私の祈りなのであります」[5]とウェルドン校長（一八八一―一九八年在職）の演説を引き合いに出している。帝国の将来を託すための青年の啓発は、英国の学校のみならず、帝国を越えて広く普遍化している。アジアにおいても、中華民国時代の一九一〇年代には、政府は軍事国家を担う国民形成のための教育を教育哲学を通して鼓吹し、そのことが結果的に軍事的で社会ダーウィニズムに基づくスポーツと体育を公的に推進させることにつながったと言われている[6]。中国国民党（ＫＭＴ）の幹部が一九三二年に党幹事と当時の文部省にあたる部局にあてた電信には次のようにある。

適者生存―誰もダーウィンの理論を無視することはできない。過去数年間、中国を旅し、中国の危機は国民の弱体的な身体状況にあるとわかった。国民が身体的に壮健であれば、国家は発展する。もし、国民が身体的に脆弱であれば、国は退化する。若者は国の未来を意味するにもかかわらず、中国の若者は—とりわけ都市の若者は—身体的に弱い・・・文部省は国中でスポーツと体育を奨励する計画に着手し、発展させるべきである。尚武の精神も主張されるべきである。この問題は、些細なことで大した問題ではないように思われるかもしれないが、実に重要なことであり、国家の存亡にかかわることである[7]

同時代の一高生の状況について、ローデンは、一九三〇年の高山秋月による調査では、一高卒業者のうち四八五九名（全体の約三分の一）が、「大学教授、国会議員、地方公務員、外交官、裁判官、経営者、医師、法曹家などといった職業に圧倒的に進出していることを明らかにした」と述べ、そのうちの四分の一は政治家、諸官庁の官吏であった[8]。

藤井によれば、英国でも「パブリック・スクールの近代化の帰結は、大英帝国の指導者を育成する帝国主義の温床への道」であり、「大英帝国はパブリック・スクールの卒業者によって統治された」[9]。また、「パブリック・スクールの卒業生の多くは大英帝国の各地に散らばっていった」[10]のであり、周知のように、そうした英国人エリートがスポーツを世界各地に普及させた。彼らは、スポーツの技術を伝えると同時に、スポーツ規範を教えた。事実、アレン・グッドマンは、「英領アフリカ植民地に、〈スポーツの倫理〉が広く流布していたことは確かである」[11]という。つまり、「アスレティシズムが、アフリカに持ち込まれたことは疑いえない」[12]。インドでは、メイオ校他四校のパブリックスクールを創り、その目的は「運動嫌いで臆病な高位カーストの少年たちを、インド亜大陸を統治しているイートン校出身者やハロー校出身者たちと同じ男らしい人物に変えるというところにあった」[13]と指摘している。このように、アジアやアフリカの他のエリートスクールにおいて、英国のスポーツが用いられていたことは共通した事実であった。こうした世界的状況を鑑みれば、日本においても英国のパブリックスクールの教育システムを参照しつつ、エリートが創出されたことは例外ではなかったと言えるあろう。一高生が英国のエリート青年と同様に、スポーツによって涵養されたのは「男らしさ」であり、日本では質実剛健と呼称された。

深谷昌志によれば、「良妻賢母は、〈国体観念〉に代表される体制イデオロギーの女子教育版であり…中略…中等教育の〈質実剛健〉などと並んで、国体観念の重要な側面を担う概念」[14]であった。こうした新しい男女の概念は、日清・日露戦争期にナショナリズムの台頭とともに登場した。質実剛健は、時代にそくした男子の中等教育の新たな理想であり、国家にとって有用な人物を育成する上で重要な役割を果たしたといえる。

こうした文化規範は、日本独自の伝統的文化とスポーツの融合にみせかけつつも、世界各国に普及したスポーツ精神に共通するものであり、その構造は、西欧流の「文明の精神」の輸入に等しかった。

事実、木下や久原が活躍した時代について『第一高等学校六十年史』は、「此の期に於ける校内の一般的風潮を概観するに、自治寮の発展頗る順調にして、明治三十年南北寮事件の試練を経て愈々その基礎を固うし、三十四年には皆寄宿制度の完備するに至り、籠城主義を標榜して覇気満々、質実剛健の気風を養成し来たりし」[15]ものであったと述べている。すなわち、木下以降校長が果たした役割の一つに質実剛健の気風を涵養したことがあげられる。具体的にはパブリックスクールシステムの全寮制を取り入れ、エリート教育を行い、スポーツ教育によって人格陶冶がなされたのであり、質実剛健とはまさしくアスレティシズムが重視したシンプル・マンリネスに他ならなかったと考察できる。日本の伝統精神と考えられてきた質実剛健が日本におけるスポーツ規範の形成過程と関連したことは重要である。すなわち、日清・日露戦争後の文化保守主義の中でよりナショナルな表象を整えた「剛毅活発の気象」、質実剛健は、アスレティシズムに基くスポーツ精神の受容であったと言えよう。実際のスポーツ場面における選手の態度は、いかなるものであったのかについては、第四章で検討する。

『第一高等学校六十年史』は、木下校長時代の次の潮流として、「三十年代後半より四十年代にかけて盛なりし個人主義の思潮に従って自己批判を加うるものあり、新渡戸校長の所謂ソシアリチイの感化の下に積極主義の精神を」[16] 掲げる時代に突入したことを指摘している。そこで、次節では、新渡戸に再び着目する。実業之日本社編集顧問を兼任しながらも、一高校長職に努めた新渡戸は一高に何をもたらしたのだろうか。

註

1）「校長兼文部省参事官嘉納治五郎高等師範学校長兼心得兼勤を命ぜらる」と記されている。（『第一高等学校六十年史』第一高等学校、一九三九年、二二四頁。）

2）同上、一九四頁。

3）同上。

4）藤井泰「パブリック・スクール」松村昌家、川本静子、長島伸一、村岡健次編『帝国社会の諸相』研究社出版、一九九六年、一七九頁。

5）同上。

6）Lu Zhouxiang and Fan Hong, *Sport and Nationalism in China*, New York & Oxon: Routledge, 2014, p.27.

7）同上、三七頁。
8）森敦監訳　ドナルド・T・ローデン『友の憂いに吾は泣く（下）旧制高等学校物語』講談社、一九八三年、二二一―二二二頁。
9）同上、二三二頁。
10）藤井によれば、卒業生の進学先のトップが陸軍であり、さらに公務員職も三・七％いたことを指摘し、彼らの職場は海外であり、数の上でも英国人エリートが世界各地にいた。（藤井、前掲書、一七八―一七九頁。）
11）アレン・グットマン（谷川稔・石井昌幸・池田恵子・石井芳枝訳）『スポーツと帝国―近代スポーツと文化帝国主義―』昭和堂、一九九七年、七八頁。
12）同上、八〇頁。
13）同上、四〇頁。
14）深谷昌志『増補　良妻賢母主義の教育』黎明書房、一九九八年三月、一一頁（同書は『増補　良妻賢母主義の教育』［一九八一年］の復刊にあたる。引用は、一九九八年の復刊から行なった）。
15）『第一高等学校六十年史』第一高等学校、一九三九年、二三二頁。
16）同上。

第四節　新渡戸稲造校長時代

新渡戸稲造が校長職に就いていた期間は一九〇六年から一九一三年であった。新渡戸が一高に与えた影響は甚大であった。例えば、『第一高等学校自治寮六十年史』に新渡戸による「ソシアリティーの新風」という見出しがある。

一高生は、新渡戸を西洋的で社交性に富む著名人と認識していた。彼の言う社交性は一高生に新しい習慣を生み出させた。新渡戸は、毎週月曜日第一時限に「一年生を倫理講堂に集めて倫理の講義を行い、また、課外講義のほか、とくに週二日、学生との面会日を設け、さらに姉の家を借りて毎木曜日を校外における面会日とし、古今東西にわたる該博な学識を基礎に、特に西欧の文学、思想を教え、ソシアリティーを説いた」[1]。新渡戸は積極的に生徒と直接対話した。彼が説いた中身は、日本古来の「武士道」ではなく「特に西欧の文学、思想」を教えたと言われている。新渡戸著『武士道』の中身が、西欧流の「文明の精神」を啓発するものであったことは前章で示したが、彼は一高教育の中でもこうした西欧の近代的な思想を啓発していた。

新渡戸は、一高生にソシアリティー（社交）の重要性を教えた。これは籠城の精神に反するものであった。「ソシアリティーは、木下校長がその基礎を築き、狩野校長に至って、完成の域に達した籠城主義と明らかに対立する概念であることは、だれの目にも明らかであった。それだけに、ソシアリティーの鼓吹には新渡戸校長は慎重であった」[2]という。

これに関する新渡戸の講演の要旨（ただし新渡戸の校閲はない）が校友会雑誌に掲載されている。

Culture（進歩）とRestraint（制圧）の二潮流は相並んで永久に流れて、尽きることがないだろう。…中略…言い換えると、どこまでソシアリティーを実行し、どこまで籠城主義を実行してもよいか、この解決は至難のわざである。欧州の中世は籠城主義であった。美術、宗教、哲学、文芸、あげて従来と異なる形式のものが生ずるに至り、社会は混乱に陥り、僧侶の中には城を築いて僧院にたてこもる者がでてきた。Monasticism（僧院制度）がこれである。モナスティシズムは籠城主義に実によく似ている[3]

以上のように、新渡戸は、「籠城主義」が西欧の中世に起源があるものと説明したうえで、「社交性」と「籠城」の関係において、どちらが優れているかを明言することは困難であると論じた。そして、「籠城主義は一高の自治寮にとっては〈絶好のプリンシプル〉であると校長は評価」[4]した。しかし、それに伴って起こりうる弊害も述べる。

第一に、排他的になること。自分と同じ主義でないと一切受け入れない。

第二に、ややもすれば単なるCrowding（群集）に堕する恐れがあること。群衆のみでSpiritual sympathy（精神的共感）がなければ、Intimacy（親睦）は成り立たない

第三に、高慢心を起すこと。修道院の僧侶の傲岸。一高生もまた往々この非難を免れ得ないよ

うである。

第四に、同年配、同傾向の人間の集まりなるがゆえに、ややもすれば単調に陥り、向上進歩が遅々となること。籠城主義は単調無味なる類型的人物を製造して自ら安んじる恐れがある。籠城主義は手段であって断じて目的ではないとし、加えて、「ソシアリティー」にはそれによって籠城主義を救うなどという、いかめしい意義があるわけではないと極めて遠慮がちに付け加えた[5]。

以上のように、新渡戸は籠城主義によって起こりうる弊害を指摘した。籠城することで、排他的になり、高慢な人間に陥り、個性のない人間になってしまうという注意であった。そこで、新渡戸は、伝統を気遣いながらも社交性が必要なのではないかと提言した。

新渡戸のいう社交性とはエリートとして必要な素養であった。西欧では当然であった社交を浸透させるために、日本でも明治になると鹿鳴館などの西洋建築物を積極的に建設し、その中のダンスホールで、上流階級の人間が社交ダンスを行なっていたことはよく知られている。

但し、「籠城主義」を誇りとした一高生には理解しがたいものがあった。西欧のパブリックスクールと日本の一高との違いをあげるならば、社交性の有無が存在する。なぜ、一高に社交性の概念が認識されにくいものであったのか。一つに木下が推奨した自治制寄宿舎での生活を封建的な意味での「籠城主義」と解釈した可能性があるだろう。先に述べてきたように、木下校長は、外部の堕落した学生である「書生」の影響を嫌い、彼らとの交流を排除した。それは、一高生を国家の特別なエリートとして育成するために外部との接触を断つ「籠城主義」が、社交という概念と対立するものとして曲解を生んだのではないかと推察できる。西欧社会で活躍し、アメリカ人の妻を家庭に持った新渡戸であったゆえに、社交性の必要性を説いたと考えられる。

新渡戸が着任してから約一年後の一九〇八年に、彼の唱える社交性を救済する文章が『校友会雑誌』に掲載された。筆者は後の哲学者、和辻哲郎である。彼は、「籠城主義は新渡戸先生のソシアリティーを迎えて狼狽措くところを知らず。ソシアリティーは、真の知識、真の人格は広き社会のほかには求めることは出来ないとする。われわれは小児ではない。なぜ社会と断絶しなければ高潔な生活を送れないのか。なぜ自治寮を籠城主義で飾る必要があるのか。四綱領は立派な道徳律である。しかし、籠城主義が四綱領を意味するわけではない」[6]と述べた。和辻は、四綱領は籠城しなくても守れるし、新渡戸のいうように社会性が大切であると断言する。彼は運動部の作り出している一高の校風の中にあった籠城主義にも以下のように苦言を呈す。一高寮（向陵）は、「歴史の転地である。伝統・歴史を軽んずる者は異端視され、その言動は認められない。自治寮が帝都運動界覇権の地としてのみ意味をもち、豪傑的態度と駒場運動会や隅田川のボートレース、野球の勝敗のみが校風の重要部分とされるに至っては、われわれは絶対に反対せざるを得ない。校風とは〝一千寮生の個人性格〟である。運動家が校風を作るものではない。なぜ、古びた校風に恋々とするのか。なぜ、古い籠城主義を打破しないのか」[7]と一高の現状を述べた。陸上競技、ボート、野球での活躍は、一高生にとって学校の尊厳を守ることやエリートとしての価値を高めるものになっていた。しかし、こうしたスポーツマンによって形成された校風の中にあった古びた籠城主義に対しては、和辻は不満を表明した。

こうした中で、新渡戸の教育を受けてきた和辻は、新渡戸のいう社交性に希望を見出した。和辻はこれまでの旧体制に批判を加え、新しい一高の姿に理想を抱いた。新しい一高を理想とした和辻も、木下が近代国民国家のエリートとしての「文明の精神」を説いた四綱領を重視していた。このことは、当時の一高において四綱領が根付いていたことを示していよう。

新渡戸校長の教育的理想像―「なりたいものはトマス・アーノルド」―

和辻論文から一年後の一九〇九年に向陵は第十九回記念祭を迎えた。新渡戸校長らの演説が終わると、壇上に末広厳太郎が登壇した。彼は水泳部員であり、後に東大法学部長、全日本水泳競技連盟会長、日本体育協会理事長などを務めた、エリートスポーツマンである。このとき東京大学生だった末広は開口一番「諸君は新渡戸先生を信じ過ぎてはいないか。いかなる偉人も欠点があるのだが、私が在学中、いかなる悪影響を受けたかを考えて見るに、まさに忍びざるものがある。近ごろ新聞は先生を八方美人だと言っているが、私はそれに雷同するものでない。三年間の経験から言うのである」[8]と、新渡戸と一高生を前に新渡戸批判を始めた。この時の様子を『第一高等学校　自治寮六十年史』は「場内騒然、賛否の野次が飛び交う」[9]と記している。新渡戸の八方美人とは、栗野転校事件での新渡戸の事後対応批判であった。この事件は、新渡戸にとっては、校長職就任以前の問題であり、降りかかってきた火の粉であった。事後対応において、文部省と一高生の間に挟まれることになった新渡戸は、「事は文部省に属するから、生徒が直接関係するのは不利である。自分に一任せよ」と述べており、双方への配慮に苦慮して行動したと思われる。末広は、「先生の言は文部省と一高の両方をとりつくろうとするための言葉ではなかったか。先生の唱えられるソシアリティーは、単に他人の悪感情を買わないように努めることではありますまい」[10]と新渡戸を批判した。

彼にはもう一つ我慢ならないことがあった。「去年の秋、陸上運動会で屋台を作り、婦人席を設けたのは一高精神に反する。先生の責任を問おうとする第二の問題である。女尊男卑は堕落に他ならぬ」とし、「特に運動部員はなぜあくまで反対しなかったか。口で負けたら、なぜ手で戦わぬか、足で防がぬか」と「気炎万丈」に述べた[11]。一高は、特別な男社会であり、シンプル・マンリネスに反する思想は徹底的に排除せよという主張であった。こうしたエリートの男だけの社会は、まさしく英国のパブリックスクールと同様の世界である。

次に、一高運動部の石本はこう述べた。「先生は僕の理想の人はトーマス・アーノルドだとおっしゃった。…中略…校長は事務をとるばかりではありますまい。先生は体育方面を軽んぜられるのは遺憾に思う。外交や国家のことのみを話されずに、グランドに出て野球部の練習の様子も見ていただきたい」[12]。

トマス・アーノルド校長とは周知にように、英国のパブリックスクールであったラグビー校において改革を行い、急死するまでラグビー校に人生を捧げた教育者であった。彼の後継者がアスレティシズムを完成させたことで知られている。アーノルドの教育理念は、生徒達に対し「礼拝堂の説教を重視」し、「毎日曜夕刻の礼拝に臨」み、「クリスチャン・ジェントルマンの育成を目指す」ことであった。また、学校の内部組織を改革し、自治制寄宿舎のプリーフェクト・ファギング制を教育に活用した[13]。彼の功績は、トマス・ヒューズが、アーノルド時代のラグビー校を描いた小説によって広く世間に知られることになった[14]。この小説『トム・ブラウンの学校生活』を読んだものは、主人公やアーノルド校長のスポーツの教育活動に魅了された。しかし、実際のアーノルド校長は「スポーツ活動に対して積極的に奨励することはなかった」[15]こともよく知られている。集団スポーツに教育的意義を見出し、アスレティシズム教育を行なったのは、アーノルド校長の次世代の校長たちであった[16]。

石本の発言から、一高生が『トム・ブラウンの学校生活』を教養書として読書し、エリート達が集団スポーツの中で、男らしく、フェアプレイの精神と肉体を鍛えられることが、一高生にとって理想であったことを伝えている。加えて、同書に登場するアーノルド校長は、一高生にとっても理想の校長であり、一高生は「トムの学校生活」を期待した。彼らは、英国の青年と同様に、トムがスポーツによって、エリートとしてふさわしい男に成長していく姿に自分たちを重ねたと考えられる。西欧流近代エリート教育システムの成立は、「トムの学校生活」を理想とする学生を創出した。彼らは、学校でスポーツに打ち込み、男らしい人格（マンリネス）を育むことを希望したのである。一高生たちは、武術によって身を研ぎ澄まし、「武士道」精神によって「武士」らしくなることを理想としていたのではなく、スポーツによって男らしく成長する「トム・ブラウン」を理想とした。しかしながら、それが「武士道」と呼ばれたことにこの構造のからくりがあろう。

その証拠として、『武士道』の著者、新渡戸は石本に以下のように返答した。「なりたいものはアーノルド先生である。諸君が学校を出て二十年、三十年たったのち、トム・ブラウンのようにたった一人でも僕のことを思い出してくれる人があったら、それが僕の最大の満足であり、希望である。諸君はどこまでもピュアーに男らしく、学校のため、日本教育のため努められたい」[17]と述べた。ゆえに、新渡戸はグランドに出て、部活動を奨励するのではなく、アーノルド校長のように、毎週月曜日第一時限に、一年生を倫理講堂に集めて倫理の講義を行った。彼は、たしかにアーノルド校長と同じ方法で「文明の精神」を学生に啓発していた。

また新渡戸が運動部を酷く冷遇したかというと、協力的であったように思われる事実もある。例えば、新渡戸は野球部の要請でグランドの整地工事を文部省の許可を取る前に実施し、予算にない二〇〇〇円の支払いを生じた。これにより、文部省から譴責処分をうけている[18]。

木下校長から新渡戸校長までにおける明治期の一高の教育について検討してみると、英国のパブリックスクールシステムを取り入れ、自治制寄宿舎や、スポーツによって人格を陶冶し、男らしさ（マンリネス）や質実剛健（シンプル・マンリネス）という態度が啓発されていたことがわかる。西欧社会に精通していた木下は、近代国民国家としての日本を完成させるために、パブリックスクールのシステムを取り入れ、日本のエリート教育を推進した。ローデンの指摘したように、一高生は世界中でみることができたエリート青年の姿であり、まさしく社会ダーウィニズムとともに拡大したアスレティシズムの影響が見られた。一高は、社会ダーウィニズムの影響の下、大英帝国の外にも築かれたパブリックスクールの一つであったと言える。

しかし、「文明の精神」と「明治武士道」は近代国家を形成する際の鍵となる概念であったにも関わらず、両者の関係は西欧対日本のように二項対立にみえるために、歴史概念として捉える困難さを伴った。実際には、日本のエリート青年は、スポーツを通じてアスレティシズム教育の中で要とされる徳義、「質実剛健」すなわち「シンプル・マンリネス」を身につけていた。日本の青年も大英帝国のエリートも自治制寄宿制度を通じて、「文明の精神」を身につけていく。その過程は「明治武士道」

の定着過程でもあった。

よって、以上述べてきた観点から一高野球部の学生たちの「武士道規範」に迫る必要があろう。「明治武士道」は、日本の伝統的な価値観と捉え、評価することから始められがちであるため、この盲点を払拭するには、国際的視点、世界的共時性が不可欠であった。

次章では、英国流スポーツ規範の形成と「武士道」の形成の関係をより具体的に再考していく。実際のスポーツマンたちは、どのような規範や態度を伴って、スポーツを行なっていたのか。

註

1）一高自治寮立寮百年委員会編『第一高等学校　自治寮六十年史』一高同窓会、一九九四年、八一頁。
2）同上。
3）同上、八二頁。
4）同上。
5）同上、八三頁。
6）同上、八四頁。
7）同上。
8）同上、八六頁。
9）同上。
10）同上。
11）同上、八六―八七頁。
12）同上、九〇―九一頁。
13）藤井泰「パブリック・スクール」松村昌家、川本静子、長島伸一、村岡健次編『帝国社会の諸相』研究社出版、一九九六年、一六七、一六八頁。
14）同上、一六九頁。
15）同上。
16）同上、一七〇頁。
17）一高自治寮立寮百年委員会編『第一高等学校　自治寮六十年史』一高同窓会、一九九四年、九二頁。
18）同上。

第四章　フィールドにみるスポーツ規範と「武士道」

舩場　大資

第一節　スポーツにおける「明治武士道」の形成

一高のエリートが「文明の精神」を培うために西欧のエリート教育に精通していた校長たちが行った幾つかの試みについては前章で述べた。本章では、その中で重視された西欧流のスポーツ規範が果たした役割について、実際のフィールドに生じていた現象面から考察していきたい。初めてスポーツが紹介され、推奨された当初の一高生にとって、スポーツは馴染みのないものであった。

しかし、一高生たちは積極的にスポーツに関与し、スポーツを通じて新しい規範を身につけていく。そして、一高生野球部は自らの野球を「武士道野球」と呼ぶに至った。「武士道野球」が生まれるに至るには幾つかの背景があった。

坂上は一高の「武士道野球」論が登場した経緯について、英国との治外法権廃止、日清戦争の感動的な勝利、三国干渉による遼東半島返還、北清事変での日本軍の活躍といった事件が、「日本人のアイデンティティの賞揚へとかりたてたが、こうしたなかで、明治維新以降の急速な西洋化の嵐によって一度破壊されうち棄てられた日本の文化の見直しがおこなわれるようになる。欧米諸国への劣等感を強く抱き、それらの文化の摂取にひたすら力を注いできた日本人の態度に変化を生じ、日本独特の文化が再評価されるようになるのである」と述べ、「武士道の流行や武術の復興などもこうした文化状況の巨大な変化のなかにあった」と解説している[1]。但し、野球部と撃剣部にみられた「武士道」論の差異を示すことで、野球部の「武士道」は社会ダーウィニズムによるものではないとも結論づけている。すなわち、野球部の主張する「質素倹約の風」、「剛健勇武の気」、「直往邁進の概」を「武士的野球」とし、これに対して、撃剣部鈴木のいう「武士道」は「果敢勇往の精神」、「活発進捗の気象」や「質朴武健」、「礼節廉恥」、「一致協同の念」に加えて、「万世一系の君主ましほす、万国無頼の国体」に随伴し、「国家道徳の根本要素」である「忠孝、節義、愛国、尚武的なもの」をもふくんだ「秀美なる道徳」[2]であったと区別している。この差を、「つまり、鈴木の場合、天皇制イデオロギーとの関連が明確に意識されているのである。ここに決定的な違いがある。このようにイデオロギーの次元で比較すれば、野球と武術の違いは明白である。一高野球部の〈武士道野球〉論は、野球を国家主義的なイデオロギーによって価値づけられたものでない」[3]と指摘した。しかし、武術と異なる価値観であると区別することは、むしろ野球部の「武士道」論に見られた英国のエリートと共通する社会ダーウィニズムの影響と切り離しがたい面の指摘につながっているように捉えられる。

そこで野球部の創始以来の状況を概観しておきたい。一八八〇年に日本に来たストレンジによって、ボート部と野球部が創始された[4]。ただし、当時は、東京大学予備門時代であり、「第一高等中学校べーすぼーる会」は、一八八六年の第一高等中学校の設立とともに始まった。一高でのスポーツの始まりは一八八〇年頃であった。木下校長が校友会を形成するのは、一〇年後の一八九〇年である。

日本で最も古いスポーツジャーナルの一つとされている雑誌『運動界 *The Athletic World*』は一八九七年から一九〇〇年まで刊行された。また、一八八五年には、坪井玄道、田中盛業編『戸外遊戯法』が刊行された。同書は、ストレンジの『*Outdoor Games*』と部分的に同じ遊戯を記載している。著者の坪井玄道は、体操伝習所設立とともにリーランドの通訳となり、彼の離任後は伝習所の中心教員として軽体操を指導し、あわせて、戸外遊戯の奨励に努めた。学校体育の確立に貢献した中心人物の一人であったと言える[5)]。そこで、『戸外遊戯法』においてスポーツがどのように紹介されたのかを考察し、次に、雑誌『運動界』から、スポーツ規範と「武士道」の奨励の関係性に着目したい。同雑誌は当時の体育関係者やスポーツ選手が書き手となった記事で構成されたものであり、スポーツ規範と「武士道」が関連していく様子が記事の中身に具体的に表れている。

第一項　『戸外遊戯法』、『*Outdoor Games*』

『戸外遊戯法』の冒頭（序文）には、遊戯やスポーツによって「共同和諧の精神」が養えると述べられている。「和諧」には、調和する、仲良くするなどの意味がある。したがって、「共同和諧の精神」は、「協同一致の精神」を意味していよう。事実、英国の「クリケット」米国の「ベースボール」は、この精神に基づいていると説明されている[6)]。そして、著者の坪内らは「我が邦の遊戯は、常に共同和諧の精神を発露するの有様に乏しきもの」[7)]と述べているように、日本の伝統的な遊戯の中には、協同一致の精神は乏しく、これまでなかった価値観であるとする。さらに、「学校の遊戯に於いても、常に此の精神を養成せんことを以て、一主眼とせさるべからず」とし、学校の中で、協同の精神を養うべきであり、「国技を産出する種子を」[8)]まきたいと新しい文化の隆盛を目標に掲げた。

緒言では、「輓近人文の一変せしより、教育の道大いに開け、智に徳に、其教育育成の法備はらざるはなし」[9)]と述べ、明治期の到来による新しい教育の芽吹きに触れている。次いで、「独智、徳の根底たる身体教育の法に尚未だ備わらざるものあるは何ぞや」と述べ、知と徳の根底である身体を教育する方法論が未だに確立していないとしている。その理由として、「之を講究する機会を得ることの乏し」いことと、現在の教育の状況が、「学校部内に於る軽運動の一科は概ね必修化の一位を占め、…中略…体育上既に一歩を進めたるものなきにあらず。而るに身体練成の法は、元来合式体操（軽運動）のみを以て、足るものに非ず。又併せて戸外運動（遊戯法）をも研究せざるべからず。蓋し戸外遊戯の利益たる啻に身体の強健を増進する」、「大いに心神を爽快にし、優暢快活に気風を養成」[10]できると述べ、軽運動ばかりでは、協同の精神は培われず、快活な気風を養成できないと説明されている。

　こうした緒言からも、坪井らは、戸外遊戯を通じて日本に新たな気風を涵養できると期待した。これまでに示したように新たな気風とは、西欧流の近代スポーツのもつ規範に伴う価値観に他ならなかった。

　同書の「ベースボール」の項目では、「健康と愉快とを享有するに最も適当なる戸外遊戯にして、競争心を鼓舞するの性質を含有するものとす」[11]と評価されている。続けて、他のスポーツとベースボールを比較する。「玉突の遊戯は、大いに人をして快楽を感ぜしむると雖も、其の周囲に羅列する火酒は能く人をして誘惑せしむるの危険あるに」[12]と、ビリヤードも人に快楽を与える楽しいものであるが、酒や煙草の誘惑の危険がつきまとうという。また「其の他の遊戯に於いても、一得一失は其の数なるか如し。然るに「ベースボール」は、其の人をして健康と愉快とを得せしむるは、他の遊戯に比して過《ママ》ぐるあるも、及ばざるなし」[13]と述べ、一長一短はどのようなスポーツにも存在するが、ベースボールは、健康と愉快を最も与えてくれると賞賛し、野球の魅力を伝えた。

　それゆえ、一八八五年において、ベースボールは特段「武士道」規範を養うものではなく（まだ武士道という言葉が流行もしくは誕生していない）、身体を健康にし、気持ちを晴れやかにすることがまず期待されていることがわかる。次に、同文の中に紳士という表記がみられる。すなわち、野球における紳士的態度とは、「遊戯の要用なる規則を熟知」し、「最も大切なる公平の心を保有するを要す」[14]ことであり、知り合いである場合に片寄った判定をすることは許されないものであると述べられている。このように、審判の役割を通じて、フェアプレイの精神が伝えられている。この時点では西欧的なスポーツ規範と武士道の関連性は殊更強調されていない。武士道が伝統的規範でかつ、西欧規範とも共通する徳性をもっていたのであれば、初めから結びついていてもおかしくはなかったはずである。

次に、雑誌『運動界』に着目したい。同書は一八九七年から一九〇〇年までの間に刊行されており、日清・日露戦争という時代の中で刊行されたスポーツ雑誌である。また同雑誌には英語名、『*The Athletic World*』の名を有している。そして一八八五年には見られなかったが、同雑誌には、「武士道」という表記が再三登場する。そこで『運動界』の中で、スポーツにおける「武士道」がどのような脈絡で使用されていたのかに着目したい。

第二項　雑誌『運動界』にみるスポーツ規範と「武士道」の啓発

先にも述べたように、『運動界 *The Athletic World*』は、日本で刊行された初期のスポーツジャーナルの一つであり、しかも記事の担い手が学生を含めた体育関係者であることが特徴である。第一号の巻頭に、「かくして我国将来の継続者をして、剛健なる国民たらしめんことを期する者なり。幸に帝国大学及び第一高等学校の運動家諸子吾等が、計画を聞かれ、大いに其趣意を賛し、一臂の力を吾等に与えんことを約されたり」[15]と述べられており、記事の執筆には東大生や一高生らが関わっていることが分かる。また、『運動界　解説』によれば、一高生以外にも「この引用は、懸賞文募集のための一文でしかないが、本紙の全体を眺め返してみると、中央にある官立の学校関係者だけでなく、早稲田大学、慶応大学および日本体育会体操学校などの私学関係者や、地方の尋常師範学校の学生までもが執筆の陣容に組み込まれていたことがわかる」[16]とある。このように、本章の目的である一高生などのエリート学生のスポーツ観を知る上で、『運動界』に掲載された記事内容は重要である。

同書の目的は、日本の知育、徳育、体育の三育の中でも、「体育は如何にと見るに、悲しい哉」、「智徳の二育に遥か遅れて、只に進まぬのみか、時としては退かんとするの状態を示すことあり」[17]とされている。日本の青年は、「智に富み徳に明るかなるも、身体は薄弱にして、ややもすれば病に罹り、学業未だ成らず、君に報い国に盡すに至らずして、空しく夭死する者甚だ多し」[18]と、知徳は進んでいるが、身体が不健全にあり、若者が早世してしまうことを憂慮している。こうした課題を解決するためにも、「智徳に豊富ならしむると共に、身体を健全にし筋骨を強壮ならしめ、頭のみに止まらず、兼ねて身体をも亦大ならしめんこと」を目的にし、以下の言葉を根拠に説いた。

「健康な精神は健康の身体に宿る」というは、実に千古不抜の心理を道《い》えるものなり。将来の我国は常識に富みて、能く業を勉め、法を守る国民を以て組織せざれば不可、かの如き良国民を得んと欲せば、先ず盛に我青年子弟に運動体育の事を奨励し、以て健康なる精神の宿る健康なる身体を得しむること最も大切なり[19]

繰り返しにはなるが（第二章五七頁）、ここでいう「健康な精神は健康の身体に宿る」とは、元々は、「健全なる肉体に健全なる精神が宿らんことを」であり、「元首政期ローマの『諷刺誌』で知られるユェリナス」の言葉であった。それが、「十九世紀のH・スペンサーによって受け継がれた時、アスレティシズムの時代による十九世紀的解釈を通じて願望形の落された表現、〈mens sana in corpore sano 健全なるからだに健全なる精神が宿る〉に簡約化されて流布されることが一層増す」[20]。そして、日本でも「近代学校体育の父」といわれるジョージ・アダムス・リーランドが後者を引用した。池田によれば、「このプロセスの源流にかかわった英国のアスレティシズムは、帝国主義を背景に構えた集団スポーツ倫理、協同の精神を鼓舞するスポーツ教育思想であった」[21]。

そうした指摘ともかかわり、上述の引用には「運動体育の事の奨励」により、「良国民を得」ることが可能であると示されており、西欧流の「健康な精神は健康の身体に宿る」の反映をみることができる。一八九七年において、スポーツは、プレイヤーに愉快さを与えるだけのものではなくなっていたといえる。

しかも、第一巻第一号の表紙には、日米野球の試合での勝利を祝い、付録とし、「外敵を蹂躙して、国の名誉を上げたる十二勇」[22]の写真が掲載されていた。結果的には、スポーツでアメリカに勝つことは、日本人にとっての尊厳を高めることにもつながった。一高野球部（対アメリカ人）の勝利は、当時国内で大きく話題となった。ボートもまたアメリカに勝利した。この記事には帝国主義的様相がみられる。

帝国主義の勢は、到る処として現われざるはなき中にも、我が敏活剛胆の健児が、長身怪力を以て誇る外人と彼れが得意の戸外遊戯に技を競いて、頻りに之を破るは吾人の最も痛快を感ずる所なり[23]

すなわち、帝国主義の様相が濃くなってきたことの実感と、その風潮の中でアメリカにスポーツで勝つことで得ることのできる格別な喜びが、表現されている。

周知のように、当時は日米修好通商条約（撤廃は、一八九九年）が締結されており、日本は不平等な条件下にあった。不平等な国家関係において、外敵をスポーツで打倒することは国民のナショナリズムを煽ることにつながった。

こうした国家の発展とスポーツを結び付けたり、西欧をモデルとする脈絡は柔道にもみられる。

『運動界』「近日の柔道界」

扶桑の男児意気須らく剛なるべし。日東桜花国の継続者たるものは強健鉄の如き身体と果敢勇猛高潔なることは、而も花の如き思想を修養せざるべからず。彼の擾々たる白面文弱の徒の如きは、一日も早く我が有望なる青年間に其の跡を絶つに至らしむべし。

　……中略……

　海内到る所に運動の隆興を見ざることなきに至らんとす。吾曹は、実に双手を挙げて国家の為めに之を慶し、之を賀す。隅田の川に軽舸を飛ばし、櫂を握て怒号を睥睨するものは端艇界の壮夫なり。……熱球を弄し、豪壮の気象をバットに写すは野球界の健児なり。或は鉄面革胴封建武士の昔を忍びて、剣を撃ち虎を叱して、瞋目奮闘するの剣客あり。或は砕身粉骨の辛酸に甘んじて……寒稽古に流汗瀑の如き三伏の熱暑に不屈不業、拳手技足の間、活殺死生の真諦を学の勇士あり。其の目的とする所或は異なるものあるべしと雖も、要するに皆青年の元気修養上大に裨益あるの手段ならざるはなし。元気胆力の養成は多くは体格の練磨に伴い、体格の練磨は常に運動にあり、運動の隆興は、即ち偉大なる国民を作るの基礎なり。「波斯《ペルシャ》の王の驚きし」彼のオリムピヤの競技が如何に「ヘレン」人種の気風に至大の影響を与えしか、「テームス」河上に於ける両大学の競争が如何に英国人士の進取の気象に影響するかを知らば、蓋し思い半ばに過ぎんのみ。上下三千年神州の霊地に涵養し来れる尚武の風習は世界に多く其の比を見ざる勇敢の気、敏活の質を国民に付与せり。我が同胞は、機敏勇猛最も運動技術に適するの資質を有す[24]

　こうした引用に現れている通り、これからの日本を担う若者は、果敢勇猛で高潔な青年でなければならないと述べた投稿者は、そのモデルを、ボート部、野球部、剣道部、柔道部などスポーツを通じて身体を鍛えた若者にみている。そして、スポーツの種目は異なっていても、身体を鍛える目的は、国家を発展させることにあると主張している。その例として、エリートの理想像に英国のオックスフォードとケンブリッジのジェントルマンをあげ、英国のエリート学生がスポーツによって人格を形成していると説いている。また、日本人には、日本的な特性である尚武の精神が備わっているため、運動に向いていると述べた。

以上のように、投稿者は、将来の日本を担うエリートの創出とスポーツの必要性について、英国をモデルとし、英国のエリート学生と結びつけて論じている。これは、繰り返し述べるように、世界を支配する英国のエリートがスポーツに秀でていたことを示すことで、社会国家としても適者生存となる支配層の構築につながっているとする社会ダーウィニズムの影響を受けていた同時代の気風であったと言える。また、柔道関係者ですら英国のスポーツ選手を一つの理想像とし、スポーツを通じて身心を育むことを重視していたことがわかる。つまりは、スポーツを通じて、男らしさを涵養し、国家を担うエリートを創出しようとする態度は、柔道部の場合であっても例外ではなかった。さらに、本来、武士の守るべきものは領主としての主君であったが、「偉大な国民を作る」と述べられており、そこには封建制の解体された新しい時代の近代国民意識が関与していたことも分かる。前章で述べたように、木下らが行なった一高のエリート教育を振り返ると、運動部員がスポーツを通じて、エリート精神を育むことが志しとされていた。こうした点を踏まえると、上述の「壮夫」、「豪壮の気象」、「不屈不業」などの精神は、スポーツを通じて培われたエリートとしての備えるべき西欧流の「文明の精神」を指していると考えることができる。

「武士道」によるスポーツ論の登場

より明解に『運動界』において、「武士道」の文字を含むタイトルが登場するのは、第一巻第三号（一八九七年九月刊行）である。新渡戸の『武士道』がアメリカで刊行される直前の時期にあたり、日清戦争のころから「武士道」の語が多用されるようになったと言われている。この時期、菅野によれば、数多くの武士道論が乱立し、その用語も統一はされていなかったという。

さて、『運動界』にみる早い時期の「武士道」とは、西欧スポーツと武道を区別する際に用いられている。むしろ「武士道」の退廃を嘆く記事であった。

それが西ノ内億次郎「武士道の要を述べて其振興策に及ぶ」であり、日本が西洋主義に傾き、「古来の武道漬焉として荒頽しぬ」[25]と、武道の衰退を嘆いた。そして、「武士道の廃頽にありとす、故に今日の急務は、武士道を興起して、士気を練り、士風を励ます」べきであるという。しかも、その記述によれば、スポーツは旧武術と新武術に区別され、西欧由来の多くが新武術にあたるという。

旧武術…本邦固有の武術にして、撃剣、柔道、騎射、遊泳、等
新武術…渡来の体術にして、器械体操、ベースボール、ボート、等

両者各其の特徴を異にすと雖も、其の身肢を鍛え、士気を練るに至りては即ち一なり。余輩殊に本邦固有という。彼の剣、柔、騎、射、泳等独り我国に限らず、支那にあり、朝鮮にあり、西洋諸国亦あるなり。而して余輩が所謂旧武術なるものは、支那に非らず、又西洋諸国にもあらず、真個に我国固有のものを称すなり。

若し彼の剣、柔、騎、射、泳、器械体操、ベースボール、ボート等にして我が国固有のものにあらずんば、僕のいわゆる武士道振作の手段として挙げたる武術にあらざるなり。其れ故何ぞや。彼にありては、唯一種の技芸に止まり、巧拙を競い…中略…即ち彼は形ありて神なく、形式の末に齷齪として、言わば、児童の喜戯に過ぎざるなり。

我が国固有のものに至りては即ち然らず、技芸の講究に道義の養成を加味し、形を兼ぬるに神を以てし、所謂徳育と体育とを兼備せるものなり、是れ余輩が、武士道振作の手段として、殊更に新旧武術を選択したる所以なり。

…中略…

夫れ、剣を撃ち身体を練る豈に徒爾にして然らんや。緩急に処して国家を擁護せん素養のみ。即ち、忠君愛国の精神を養う所以なり(26)

投稿者は、スポーツに「武士道」規範を鼓吹せよという主張を展開し、忠君愛校の精神を養う必要があるとした。スポーツを通じて忠君愛国といった規範を学ぶことが「武士道」的であると説明する。しかし、これまで示してきたように、スポーツを通じて人格を陶冶することは英国的スポーツ規範に他ならず、ストレンジと菊池、木下らが一高を通じて、もたらした考え方であった。それゆえ、すでに存在していたスポーツ規範について語る際、日清戦争と日露戦争の狭間にあたる一八九七年において、外敵を意識したナショナリズムの高まりとともに、西欧流のスポーツ規範の表現に、敢えて、「武士道」の語が用いられ、「武士道」として解釈することが好まれるようになったと考えられる。ゆえに、以下に示すように、「武士道」を体得できる有望者は時代の将来を担うエリート、一高生に他ならないと述べられていることが重要である。

武士道の苗芽勃焉として興起せざらんと欲するも、豈に得べけんや、…中略…尤も元気あり、尤も有望なるものは第一高等学校学生とす。彼等は淵淡にして素朴、豪壮にして洒落、華美を競う世の中に、敞屣を意とせずして大道を闊歩し、肩峰風を切り、浩歌一世を凌ぐの状、古壮士の風あり[27]

前章で示したように、一高生は、『トム・ブラウンの学校生活』に理想を抱き、スポーツを通じてエリートとしての規範を身につけることを理想としていた。そうした彼らが「武士道」の体現者であると評価された。このことは、西欧流のスポーツ規範や「文明の精神」が、「武士道」として解釈されたことを示していよう。すなわち、「武士道」が鼓吹されたのではなく、西欧のスポーツ規範が「武士道」と表現され始めていたといえる。

「武士道」のさらなる鼓吹を望む声が掲載されたのが一八九八年の第二巻であった。投稿者はペンネーム遠洋魚長と記載されているのみである。タイトルが「教育家に望む」であり、著者は、授業の改善を主張している学生であるように思われる。投稿者は、同雑誌に「和船の話」を定期的に投稿している。それらには、東京湾や隅田川という文字がみられ、東京でボート競技に関わっていた人物と推察できよう。また魚長生というペンネームが、「一高対二高柔道紅白勝負」(第二巻第五号)を掲載していることからも、一高の関係者と推察できる。

投稿者の主張は以下の通りである。

「教育家に望む」

蓋し運動なるものは、徒に吾人の肉塊をして肥満豚の如くならしむるを以て唯一の目的とするものに非ず、吾人の筋骨を円満に発達せしむると同時に、忍耐克己、剛毅勇壮、廉恥礼譲の諸徳を修養せしむるにあり運動にして、果たして充分に体育の目的を達し得ると同時に、此れ等の武士的精神を発達せしむるを得は、運動は実に教育上須臾も惣にすべからざるものにあらずや。

我が国現に今の教育制度に於ては、独り智育に向ては、過重の課題を授け、体育の如きは僅かに一周二三時間を以て之に充て、而も之によりて、身体を発達せしめ得るの望なく、且つ更に精神上の快楽なき体操法を課すのみ。青年の身体は決して学科として授けらるる体操によりて発達するに非ずして、学科の余暇に自ら好んで選択せる、運動遊戯によりて、強健に趣くもの多きの事実は、教育者たるものの既に了知せる所たるべし。

試しに毎にある種の運動を続行せるものと、他の運動を好まざる学生とを比較せば、運動家たる学生が骨格建湜、士気充実せるに引換へ、運動をなさざる学生が身体虚弱、薄志弱行の徒多きを発見すべし。放蕩遊惰の風ある学校に勤倹尚武の気風なく、運動の隆盛なる学校に浮華淫靡の俗少なきは当然なり。

…中略…

聞く、上下運動に熱中せる欧米の諸国にあっても、運動は、ただに体力筋肉の発達を以て目的とせるのみならず、之を以て徳育の実践修得場となせりと。就中英国の如きは、学校の課程は甚だ卑近にして、而も授業の時間、一日平均二三時間を出でずと雖も、運動に向ては、大に之を奨励し、以て人物養成の一手段となりせり。

例えば、中学生に多く行わるる蹴球に付て適例を示さんに、嘗て教師は日曜に於て〈殺店身以成人〉は基督の精神なりと教訓するところにあり。生徒は之を「蹴球」に応用しつつあるなり。此の遊戯は頗る強烈にして、時に非常の危険を醸すことあり。もし一人球を抱えて伏せば、十人二十人転附覆圧して之を争う。教師等も共に出て来りて、もし味方の一人敵の為めに苦めらるるに際し、憤然挺身して敵中に突進するものあれば、教師は拍手して其義気を鼓舞奨励す。是に於てか、元来天真爛漫たる生徒の胸中には、惣ち犠牲献身の精神を勃興し来り、後には父母の為め、一郷一郡の為め、将た国家の為めに其の身を擲つの大精神を養成するに至る。又其の隊長《キャプテン》の指揮に従い、協力一致するものは必ず勝ち、其の各自の意思に任じて進退するものは必ず敗る。是に於てか従順の正しくくして、協同一致の利あるを悟り、此の思想は次第に発揚して、父母長上に対し、或は、国家社会に対して、秩序と一致を保つの、一大美徳たるを覚悟するに至る。

…中略…

其の他、ケンブリッジ、オックスフォード両大学の競漕の如き、読者の既に知るところなり。ああ英人の素養比の如し…の英人が至る所に跋扈し、太陽其領内に没するの時なく、国は富み兵は強く、優に列強の牛耳を執るに至りし所以のもの、豈に偶然ならんや。人生の目的吾人之を知らず。然りと雖も宇宙に優勝劣敗の道理あり。弱の肉は、強の食のみ。

…中略…

共同生活をなし、一国として天下に独立する以上は、国家組織に一要素たる其の人民をして、悉く剛強なる国民にあらずんば、よく平和を維持し、人生の安寧幸福を増進すること能はざるなり。国民をして剛強ならしむるの法、数多あるべしと雖も、競争的運動は、少なくとも将来の国民をして剛強ならしむるの一良方便たり。而して少壮の徒は常に之を好ましむるの天性あり。此天性を善用して、三千年来神州の霊地に発達せる、愛国尚武の特質を発揮し、敏捷鋭快の資質をして、円満なる発達を遂げしめ、骨格健逞、士気充実せる一大国民を作らんこと、豈に快ならずや、世の教育者たるもの以て如何となす[28]

すなわち、肥満の解消が体育の目的ではなく、筋骨を鍛え、「忍耐克己、豪毅勇壮、廉恥礼譲」等の諸徳を修養することが、目的であると主張されている。それらは、スポーツを通じて涵養される徳育であり、「武士的精神」であると主張されている。しかし、当時の制度では、体育が軽視され、かつ、正課体育の体操では、その徳目を修養できないと述べている。投稿者が、理想とした体育活動とは、校友会で行われる集団スポーツのことであった。その例に英国のサッカーをあげている。英国ではサッカーを通じて、協同一致の精神や、男らしさ、自己犠牲の特性を養い、そのことが国家を守るための精神につながると主張されている。実際、学生は校友会でのスポーツを通じて「骨格健逞、士気充実」し、心身が発達していると述べている。

さらに理想の青年像として、英国のボートマンをあげ、スポーツで鍛えられたために大英帝国の繁栄が実現したとスポーツの重要性を説いている。ゆえに、投稿者は、学校体育に集団スポーツなどの近代スポーツを取り入れることで、「弱の肉は、強の食のみ」の語に現れている通り、明らかに帝国主義下の社会ダーウィニズムの思想に照らしても勝ち抜ける強健な国民を創出できると断言している。

また遠洋は、スポーツを通じて「武士的」精神を得られると力説するが、その理想は「ああ英人の素養比の如し」、「ケンブリッジ、オックスフォード」にあった。投稿者は、スポーツによって涵養される規範の理想を英国に求めた。木下校長らと同様にである。例えば、英国の蹴球（サッカー）では、集団スポーツを通じて献身犠牲（自己犠牲）や協同の精神を涵養できると述べている。そして、それらは、国民形成をうながし、忠君愛国につながると、近代国民国家を発展させる要因に言及している。ここで、遠洋が、英国のスポーツ教育事情に詳しい事に着目したい。集団スポーツを通して陶治される協同一致の理念や、自己犠牲、集団の中に立ち向かう男らしさといった「アスレティシズム」で重要視されるスポーツ精神が意識されている。しかも、「国は富み兵は強く、優に列強の牛耳を執るに至りし所以のもの」とあり、それは国家において有用な規範であると述べている。

そして、大英帝国が世界中に植民地を持つまでになったのは、スポーツによって身体と規範を磨いてきたエリートが活躍したからだという。さらに、「人生の目的吾人之を知らず。然りと雖も宇宙に優勝劣敗の道理あり。弱の肉は、強の食のみ」と強者が生存する世であると言い、先に述べた通り、社会ダーウィニズム的視点からスポーツの必要性を説き、日本が生き残っていくために、英国のようにスポーツを通じて徳育教育を施す必要があると説明した。以上のことは、日本が、近代国民国家として生き残っていく上で、英国流のエリートの果たした役割と同じものの必要性をとくものであり、必要な規範とは、英国のアスレティシズムを通して普及された価値観であった。

つまり、スポーツを通じて涵養される規範を、日本人として国を守るための精神へと変容させる必要があったことは、彼の「愛国尚武」の表現にみてとれる。このことは、スポーツにおける「武士道」規範の形成において、社会ダーウィニズムやアスレティシズムの思想が影響を与えたことが明らかであることを示している。すなわち、ローデンが指摘したように、社会ダーウィニズムと「武士道」は無関係ではない。そのことは、以下の記事からも裏づけることが可能である。

「運動界の気運」

『運動界』第二巻第四号に、エール大学（アメリカ）と第一高等学校の対抗試合（野球、競争、演説、討論）が行われることが巻頭にて掲載された。その中で、「我が日本帝国なる第一高等学校学生」と表現され、外国との対抗試合に臨む一高生と帝国主義が結び付けられた。さらに、「一高の健児が、奮戦之を破らんことを望むは、元より吾人の嘱望するところと、全国の青年がますます運動を奨励して、武士的運動の好模範を海外に示すの期已に至れり」[29]と述べられている。一高生が国際的にスポーツマンシップを発揮することが望まれる中、アメリカとの対抗試合は、日本国家という共同体を容易に想像させ、ナショナリズムを発揚する機会となった。ここで、日本人の発揮するスポーツ精神が「武士的運動」であると表現され、日本人らしさが強調されていた。しかしながら、一高生によって発揮された西欧流のスポーツマンシップが「武士道」と表現されていたにすぎない。外国との対抗試合において、西欧流のスポーツマンシップを日本人が発揮することを「武士的運動の好模範を海外に示す」と表現することはむしろ自然であった。この意図的な区別は、日清・日露戦争期を通じて、「武士道」が文化ナショナリズムを投影するメタファーになり得たことを示している。事実、この対抗試合は「奮え、満天下の健児諸君、将来の戦場は欧山海米にあることを覚悟せずんば」[30]と、国家間の戦争になぞらえられている。「武士道」の語が日本という近代国家の共同体を想像し、創造する際の、分かりやすいシンボルとなった。言いかえれば、スポーツ規範に帝国主義的イデオロギーが投影されたことで、スポーツにおける「武士道」規範が形成された。

〈帝国大学運動会にみる菊池の運動精神〉

知雨山人著「帝国大学『運動会』を論ず」は、帝大（東大）・一高の運動会を通じて、彼等エリートが理想としたスポーツ規範について論じている。投稿者は、「強壮なる身体を養成すると同時に、精神上の徳性を涵養し、併て親睦団結の美風を作りにあり」[31]とし、その精神上の徳性の説明に菊池大麓の運動の精神の演説を一部引用した。つまり、第三章で述べた菊池の運動精神（一八九九年）マンリネス、プラック、フェアプレイ、マグナミチー（magnanimity）、オーダーが紹介されていた。菊池は、これらのスポーツ精神は、「古より武士気質として尊重したるものなり」[32]と、述べており、投稿者は同部分も引用している。したがって、英国のスポーツ精神が、「武士道」の表現を用いて語られ、日本的気質の中にもあったかのように用いられたことは、菊池に限ったことではなかったことを示している。

投稿者は、帝大運動会で「会員が、年々後進たる高等学生に綱引きに引きづらるの醜態と曰ざるべし」と、後輩の一高生に綱引きでまける現状を嘆き、それではいけないという。なぜならば、「大学が国家最高の学府たるが如く、其の運動会をして亦国家最高の名誉ある、恐敬すべき団体たらしむにあり」と述べ、国家最高のエリートであるという自覚と名誉心を守れと促している。そして、エリートの名誉心はスポーツ大会を通じて勝ち取ることができたという。さらに、「大学の運動会には春秋の大会毎に、皇太子殿下にも行啓あらせられ」、「殿下の御知遇を辱ふし奉り、下は天下数万の学生の仰望する所たるに拘らず、〈運動会〉の不振、今日の如くなるは、豈に堂々たる帝国大学の大屈辱にあらずや、大学の運動家たるもの何すれぞ、努力一番其の運動会をして天下運動会の模範」[33]でなければならないとし、天皇家の前で、帝大生が運動会で負けることはあってはならないと述べている。

ストレンジや菊池が始めた運動会は、一八九八年には、スポーツを通じて帝大の威厳や菊池の言う運動精神を携えたエリートたる姿を誇示する場になった。さらに、皇太子から「御知遇を辱ふし奉り」しことはの一節は、近代国民国家日本の象徴たる天皇制国家とエリート学生がスポーツを通して結びついたことを示している。エリート学生の国家への帰属意識やナショナリティーはスポーツを通じて育った。

〈武士の試合〉

さらに『運動界』を分析すると、一高生は、しばしば武士と表現されている。一高と二高で運動部の第二回対抗試合が行われた事後報告及びその考察が『運動界』（「中傷者を排す」）に掲載されたのが第三巻第五号（一八九九年五月）である。この試合では、一高野球部が敗戦し、一高柔道部が勝利した。

この結果を受けて、二高生と思われる投稿があり、二高側から試合の結果について事後問題も含めて、次のように語り、スポーツにおける公明正大さの規範の重要性について言及している。

昨春第一回の戦終わるや、両者手を握って相別れ、勝負によくあり勝ちなる怨恨の痕跡だもとどめざりしは、武士と武士との晴試合として、好模範を世に示せしもの。

…中略…

今春の試合に至りては、一つの悲しむべき現象起きりすものあり。…吾人は、むしろ、二高健児の為に惜しむものなり。公等は盛んに、一高は卑劣手段を以て勝利を博せしと唱うるは何ぞや。…殊に敵の大将と組んで、百方自衛の道をとり、引き分けを希望せしは、普通の勝負法にも往々みるところ。

…中略…

若し一層の詐術を用い、剛力なるものの「抑え込み」「絞め」をかけんことを怖れ、わざわざ帯の結びかたを考えて、一寸ひけば解け易からしむる如くするなど、のことを試むるあらんか。これこそ、卑怯者とし陋劣漢とも武士らしくなしとも評すべけれ。勝負法にそむかざる以上は、弱者が強者に対してあらゆる自衛の方法を試むるは、徹頭徹尾卑陋んばりとは断じ難からん。

…中略…

二校《ママ》の健児、云うまでもなけれど、公明なれ正大なれ、女児のくり言めきたること云う勿れ、…技術の範囲を脱して勝ちを得んことを意とせざれ、「テレ隠し」なるものほど、馬鹿げて醜なるものはなきなり34)。

投稿者は、第一回大会を振り返ると、試合後には握手をすることで、互いの健闘を称えあい怨恨を残さなかったとし、それは、「武士と武士との晴れ試合」であったと述べた。

しかし、第二回大会では、一高側が汚い勝ち方（詳細は次節にて示す）をしたと、二高の諸君は不満を述べているが、それは見当違いであると説明する。その理由は、ルールを破ってでも勝つという姿勢は卑怯であるが、ルールを守りながら負けないように戦うことは汚い行為ではないと反論した。そして、二高生に「公明であり正大である」ように求めた。

試合が終わると握手をし、ノーサイド（試合終了と同時に握手などで互いの健闘を称え、互いに勝敗の怨恨を残さない儀礼行為）とする儀礼行為は、現代でも見ることが出来る西欧流スポーツマンシップの一例である。決して、武士の作法ではない。しかし、明治期には、正々堂々としたスポーツマンの態度は武士的な行為と表現されていたことが分かる。闘うスポーツマンは当時における現代的な武士であった。

明治期の「武士道」の虚偽性を指摘している佐伯は、「正々堂々とした一騎打ちをする武士」というイメージの形成は、新渡戸以降の「武士道」論に帰すべき部分も多いのではないかと提起している35)。しかし、上述の例は、新渡戸の『武士道』よりもやや早い時期のものであり、新渡戸の書物によってより顕在化される以前からその傾向が存在していたことを示すものであった。

以上、述べてきたように、「武士道」の形成過程は、『運動界』に掲載された初期の記事に多く反映されている。それゆえ、スポーツにおける「武士道」規範は、特定の校長の理想論だったのではなく、エリート学生の側もその影響を受けてその精神をフィールドで実践していたことが分かる。次節では、「武士道野球」と言われた一高野球部に焦点を絞る。

註

1）坂上康博『にっぽん野球の系譜学』青弓社、二〇〇一年、九七頁。
2）同上、一〇一頁。
3）同上、一〇二頁。
4）『校友会雑誌　号外　野球部史附規則』第一高等学校校友会、一八九五年、一頁。
5）木下秀明「坪井玄道」『日本近代教育史事典』平凡社、一九七一年、三九三頁。
6）坪井玄道、田中盛業編『戸外遊戯法』金港堂、一八八五年、序文。
7）同上。
8）同上。
9）同上、緒言。
10）同上。
11）同上、六六頁。
12）同上。
13）同上。
14）同上、九三頁。

15）「『運動界』発行の趣意」『運動界』第一巻第一号、運動界発行所、一八九七年、一頁。
16）日本体育大学体育史研究室『運動界　解説』大空社、一九八六年、一一頁。
17）前掲雑誌、一頁。
18）同上。
19）同上。
20）池田恵子「体育・スポーツ史の地平を考える―今、何が問われているか―」小田切毅一監修『いま奏でよう、身体のシンフォニー』叢文社、二〇〇七年、二二頁。
21）同上。
22）『運動界』第一巻第一号、運動界発行所、一八九七年、表紙。
23）「筑紫艦米艦を破る」『運動界』第一巻第一号、運動界発行所、一八九七年、一八頁。
24）「近日の柔道界」同上、一九頁。
25）西ノ内億次郎「武士道の要を述べて其振興策に及ぶ」『運動界』第一巻第三号、運動界発行所、一七頁。
26）同上。
27）同上、一八頁。
28）遠洋魚長「教育家に望む」『運動界』第二巻第三号、運動界発行所、一八九八年、二一―三頁。
29）「運動界の気運」『運動界』第二巻第四号、運動界発行所、一八九八年、一頁。
30）同上。
31）知雨山人「帝国大学『運動会』を論ず」『運動界』第二巻第一一号、運動界発行所、一八九八年、三頁。
32）同上。
33）同上、三―四頁。
34）「中傷者を排す」『運動界』第三巻第五号、運動界発行所、一八九九年、五―七頁。
35）佐伯真一『戦場の精神史武士道という幻影』ＮＨＫブックス、二〇〇四年、二六七―二六八頁。

第二節　一高生にみるスポーツ規範と「武士道」

本節では、一高生に着目しながら、野球部と柔道部の「武士道」論について考察する。一高野球部の創設に関しては、ストレンジの協力の下に「べーすぼーる会」が誕生したことに始まる。一高野球部に詳しい資料として、『校友会雑誌　号外』がある。同資料は一八九五年一二月二日に発行された『野球部史』に相当する。この野球部史の一部は、雑誌『運動界』にも定期的に掲載されている。『野球部史』には校風と野球部の関係が示されている。本節の後半部分では、一八九九年の柔道対抗戦における一高と二高との間で生じたトラブルを巡る記述を通して、議論されたスポーツ規範の問題について考察する。

我がべーすぼーる部は、実に校風と相伴い相助けて、他の校友会各部の共に油然として、進歩し来れるなり。余が殊に校風の発生を論する所以なり。団結の事を謀るに便なるや、久し凡そ人日夕相会すれば、必らず一定の気風を生ず。一貫の気風なきの集合は、夫れ猶烏合の兵の如き乎。戦わずして潰んのみ。何ぞ事を謀るに便ならんや。然れども風に美悪あり。気に雅卑あり…其の団結は即ち、堅硬なりと雖ども、其業は慕う可らず[1]

「我がべーすぼーる部は」から始まる右記の一節は「校風と相伴い相助けて」の表現にあるように、

野球部は校風と共に進歩してきたことを示している。そして、団結心のない集団は烏合の衆であり、戦うことすらできないとし、野球は団結心を育成したと説明されている。校風がどのようにして生まれたのかについては次のようにある。

校風の源は、必ず寄宿に在り。而して、如何せん当時の寄宿は自励自修の郷に非ずして、干渉叱責の場なり。

…中略…

木下校長全校を驅って寮生えたらしめんとすの議あるを聞くや、生徒は悉く異議を挟み往々怨言を洩せしか。寄宿舎は寮生の自治に任し、入寮は各自の随意を許すとの命下るに及び、前の怨言は変して歓呼となり[2]

つまり、校風は自治制寄宿制度によって誕生し、発展したものであったと認識されている。この寄宿生活を通じた団結、先の叙述にみる団結心を強固にする「べーすぼーる」が相伴う必然性を学生が理解していたことを示していよう。さらに、マンリネス、すなわち、剛健の精神にも言及している。次のようにある。

寄宿の一団結爰に生じ、剛果の精神木訥の行為已に各人の心頭に浮べるも未だ遊離して一となるの機を得さりしに、四月上旬に至りて、一大機会は期せずして至れり。明治二十三年四月帝国大学の招待に応じて我校と商業校との競漕是なり。…全校悉く目を注けり。特に、寄宿舎は其の新団結漸く成りて、鋭気磅礴たりしを以て相議して必らず勝を得しとして、先づ醸金し選手の労を問い、競漕の前夜悉く東寮の階上に会して、赤沼金三郎氏所選の凱歌「花は桜木」を歌い。四月十二日…我が選手に声援に声援して、天下公衆の面前に無双の勝を制せり。此の夜寮生は悉く祝杯を挙げ、凱旋歌を歌い歓呼抃舞、夜半に達せり。此の一宵は、実に我が校風を発動せしめたる[3]

つまり、寄宿舎の生活の中で団結し、剛健の精神を身に付ける機会は、商業校との競漕大会の際に到来し、団結し、勝利を世間に示すとその夜には勝利に酔い、彼らの間で校風がその時、正しく発動されたと説明されている。

以上のように、スポーツ大会の機会によって一高生は一致団結した。こうしたスポーツ活動を通じて、一高生に団結心が養われ、自治制寄宿制度とスポーツが結びつくことで、一高生に校風の自覚が芽生えた。

次に有名な「インブリー事件」の記事についてふれておきたい。国家を担うエリート学生として対外試合において負けることは許されなかった。このような状況下で起きた暴動が「インブリー事件」である。一八九〇年五月に、一高と明治学院の間で野球の試合が行なわれた。六回の時点で六対〇と明治学院がリードしていた。一高の敗戦ムードにいらだっていたのが柔道部員であった。「彼らは試合途中に明治学院のアメリカ人教師W・インブリーが一高の垣根を越えて入ってきたのを発見し、激怒して彼につめ寄った。その無礼な行為を批判する柔道部員たちに寮生も加わり騒然」とした[4]。そして、暴動のすえにインブリーと明治学院の選手が負傷し、試合は中止された。この事件について先に言及の中馬は次のように述べている。

我が会が校風を発顕するの機会を校友に与え、校名を代表するの運動会となれるの初めにして即ち、校技となれるなり。故に、此の夜会員は、校威を損ねるを恥じて謹慎して校友に謝せり[5]

部員であった中馬は、野球部の敗戦（一高生は、この試合を実質敗戦と捉えた）は、校威を失う行為であったと謝罪した。さらに、「べーすぼーるの技は、べーすぼーる会のべーすぼーるに非ずして、既に第一高等中学校の校技たり」[6]と述べており、野球を一高の校技として捉えていることがわかる。坂上は、この事件を通じて中馬ら野球部員が「対抗試合を一高の威厳と名誉をかけた〈校技〉としてとらえるようになる」[7]と述べている。

一方で、ローデンは、インブリー事件の原因を国家主義的見地に基づく「篭城主義」から説明している。「一高キャンパスはふだん正門は閉じられ、外部の者は一切入れなかった」[8]が、その「聖なる場所」をインブリーが破り乱入したためであったと指摘している。事実、インブリー事件を通じて「木下広次は一高の籠城主義の推進者として学生たちを支持し、結局柔道部自警団に何も規則上の措置をとらなかった」[9]。

四綱領を掲げ、国家のエリートとして行動するように支持したのは、たしかに木下であった。護国旗制定（一八八九年）によって、校名を守るという愛校心、すなわち、忠君愛国の意を違和感なく受け入れさせることにつながった。周知のように、イギリスにおいても各々のパブリックスクールへの愛校心、校風への忠誠心は、大英帝国を将来担うエリートとしての国家に対する忠誠心に連なるものであった[10]。一高においても、ボートレースにおける学校の徽章ないし紋章はまさしく護国旗同然であった。野球においても同様のことが、護国旗制定の翌年に起きていた。国家のエリートを代表する一高が負けることは、威信の喪失であった。護国旗制定によって、こうした愛校心に拍車がかかったと考えられる。よって、「インブリー事件」とは、野球が校技であることの自覚に加え、護国旗制定翌年に、一高生に一高（国家）という共同体への忠誠心としての「愛校心」、「忠君愛国」の精神の高まりとも関与した可能性もあろう。

また木下は「野球を尋常中学校の校長に推薦」し[11]、野球という競技自体を奨励した。さらに、一高野球部へ金銭的な援助も行なった。こうした意味で、木下は一高野球部の最大の理解者であった。しかし、その裏には校風の発揚ということもあった。

例えば、三高（京都）野球部が同志社大学に二度敗北した際、一高野球部は、三高敗戦の名誉を取り戻すために、京都遠征を企画した。しかし、遠征費という問題が浮上した。そこで、中馬ら野球部は、木下前校長に寄付を願い出た。これに木下は五〇円の寄付を約束した。京都遠征計画は、最終的に同志社大学の対抗試合拒否により頓挫することになった。なぜ木下は野球部に対し、ここまで積極的な支援を行なったのだろうか。坂上によれば、部報から京都遠征の価値を「東西両都の学生が相会することになるが、その利益ははかり知れないものはある。とくに互いの校風が火のごとく輝き現われること、これはまさにそのおおいなる利益」と校風の発揚をあげている。加えて、「〈校風を鋳て我が校風に化せしめん〉とするのが、いかに困難であることか。口舌紙筆ではそれをなしがたい。こうして、木下先生が主張する〈詩歌にあれ遊戯にあれ衆の与に共にする者〉の必要がうまれるのだ。木下先生の意図はまさにここにある」[12]と木下が放った「校風の発揚」の言が引き合いに出されている。

では、木下自身は、野球をどのようなものとして捉えていたのか。彼は、雑誌『運動界』の中で、野球を他の競技と比較しても良好な効果があるものとして次のように評価している。

青年者の団体に対して、競技運動の欠くべからざるは、固より言を待たず年長者間にありても亦一必要物たるの地位を占むべきは、世の已に認むる所なり。然るに、此の種の競技は、従来我が邦に存在せず。今日各学校に於て行はるる所の運動会なるものは、元と輸入制の一にして其の実行日尚浅く。従て之に伴うべきの作法も未だ一定せず。特に何等の競技が最も我国民の性格に適当するのやの問題に至りては、今日に至る迄未だ充分に之が解答を与えたるものあることを聞かず。海国民として、又全国皆兵主義を執れる国民として如何なる種類の競技を執りて以て、我が特有のものと為すべきやは、未決問題たり。

…中略…

第一高等中学校に在し時も亦た撃剣、柔道、端艇、野球、テニス、遠足等より…中略…部を設けて悉く之を施行し以て、密かに我が大和民族に適応するの競技を選択発見することを期せり。

…中略…

野外の露営、夜間の勤務等頗る身体及心胆を練磨する点に於て、大に効力あることを認めたり、

之に亞きて其の結果の良好なりしものは、野球及び、端艇なりし[13]

上記のように、木下は学生の集団を陶冶する上で、スポーツが重要であると述べている。しかし、元来スポーツ文化は日本に存在しなかったため、どのような競技が日本人に適当なのか決め難いこと、そして、青年が、国家を守る観念を持った日本の国民へと成長するためには、どの競技を推進するべきかを思案する必要があり、そこで、一高校長時代を通じて、どの競技が日本人に適応しているのかを発見したいと考えていた。その結果、木下は、野球と端艇がその役割を十分に果たすと結論づけた。

以上のような理由から、木下は一高校長職に就いていない時期も一高野球部を支援し、野球を学生スポーツとして奨励した。このことは、木下が理想としたエリートを育成する上で、一高野球部をその体現者たる集団に成長させる手助けにスポーツを活用したことを示していよう。

また部史が語るように、野球部員たちも、木下の教育方針の下でフィールドでのスポーツを通じて国家に有用なエリートになることを目指していた。

しかし、野球部はそうした国家的エリートとしての自覚を第一義的に担うものではなかったという主張も存在する。そこで、先にあげた一高野球部の遠征問題について、一高野球部の視点を加えながら、再度、引き合いに出してみたい。

同志社と三高との野球の対抗試合が開催され、結果三高が敗北した。後日、雪辱戦が行なわれたがまたも三高が敗北した。この結果を受けて、一高野球部は憤慨し、京都遠征を企画した。しかしながら、野球部は、遠征費という問題に直面した。そこで、野球部は、「部員、石井徹、小林政吉、中馬庚の三人亦座に在り。前校長に京都遠征費の五十円を謀る。前校長是を諾す。三人大に喜ぶ」[14]とあり、野球部は、卒業式に来校した木下前校長に遠征費を頼むと、木下は快諾し、野球部に遠征費五〇円を援助した。一八九三年九月に遠征費用が届けられたが、一〇月に「校例に依りて、相州鎌倉にて発火演習を挙行せんとす。道途遼遠にして、生徒の出費稍重きに失するを患う」[15]と、行軍を行なうために、遠征費を寄付せよと学校当局から「松田部長、鈴木幹事を以て命を伝え、即日の応否を促す」と伝えられた。これを受けて、「即夜十数人を東寮談話室に集めて是を議す」[16]と野球部で会議が行なわれた。この会議では、以下のような議論が行われた。

伊木常誠曰く、此の金の費途一に我が部の権内に属す。若し、遠征果して行うべきの必要あらば、断然頼みを辞すべし。…中略…我此の夏京都を過ぎりて…中略…庭球部の諸子と会して、其の技を察するに幼弱取るに足らず。想うに、同志社と雖も亦此の類のみ。戦うも我が技を練るに足らず。勝つも以て校威を挙ぐるに足らず。適以て我が武を汚し、虐ぐるの誹を遺さんのみ。…中略…此の金の如きは、現に今我に於て無用の長物たり。

井原外助、森脇幾茂曰く、此の回の遠征単に壬申会の故のみにあらず。全国七同窓の為めに、其の名を潔うせんが為のみ。敵の強弱は問う所にあらざるなり。

中馬庚曰く、今や我に校友会あり、仙台に尚志会あり、京都に壬申会あり…中略…七同窓の情就て見るが如し。今や壬申会敗て伝うる、これ再び各校憤慨を共にするの情其の紙上に躍然たり。而して環視して、敢て手を下さざるは何ぞや。蓋し、我が校列に於ては第一たり。技に於ては一日の長あるを以て想うに、我が部に待つあるなり。我が部今日の盛んあるは外寇の頻繁なりしと校風発動の具たりしに依る。而して今一たび遠征せば、外敵爰に生じ校風我を暇って旧都に発動せんとす機蓋し失う可からざるなり。若し我が校の為めに之を謀らん乎…中略…遠征を主張すと議即ち、決し旨を具して、献納を辞せり[17]。

このように、野球部史によれば、伊木常誠は、夏に京都を訪れ、三高の野球部を視察した結果、技量はあまり高くなかったとし、同志社も同量の技量であろうと推察した。そのような野球部に勝利したところで一高の校威を高めることは出来ず、弱者を虐げるの誹りを受けかねないため、遠征費は行軍に用いた方が良いのではないかと主張した。それに対し、井原外助、森脇幾茂は、遠征の目的は高校の名誉回復にあると説明し、相手の技量の高低は問題ではないと述べた。そして、中馬は、三高の二度の敗戦に全国の高校が憤慨しているとし、それを無視して対外試合を行わないことは認められないと主張した。特に、一高は全国の筆頭であり、野球に一日の長があるため、全国から期待が集まっていると述べた。また、一高野球部が隆盛を誇った理由は、積極的な対抗試合と対抗試合によって校風を発揚させたためであると説明し、遠征を行なうべきであると主張した。遠征費に関する議論は二度行われたが、両会議の結果、遠征費は遠征に用いることが決議された。

以上の京都遠征に関する議論について、坂上は、「外への威信の表示と校内的団結の促進」この二つを内容とするものであったとしている。またそれは、「学生たちの強烈なエリート意識やプライドに支えられたものであると同時に、学内の団結という現実的な課題ともしっかり結びつけられたもの」[18]であると述べ、「彼らは、〈校風〉の振起を基軸とする論理によって、忠君愛国という究極の国民の道徳＝教育勅語をまさに体現するものである。〈行軍〉をもうわまわる価値を野球部の活動に付与したのである」[19]と解説している。これを根拠に、「当時の日本において、エリート中のエリートであった一高の学生たちとスポーツの強固な関係がこうして築かれていったのだ。エリートたちとスポーツが強固に結びつく時代が到来したのである。しかし、ローデンがいう帝国主義との結びつきは、まだ彼らの自己主張のなかに姿を現していない」[20]と結論づけている。すなわち、行軍という帝国主義に対する野球部の抵抗を見出し、ローデン批判の根拠の一つとした。

たしかに、行軍を対置させることで比較し、この問題を捉えれば、帝国主義一辺倒でこの問題を分析することは単純に過ぎるという坂上の主張には領けるものがある。しかし、この問題の前提を別角度から考察してみたい。まず、木下が野球部の最大の支援者であった理由として、彼が理想としたエリートを育成する上で、野球という集団スポーツが有効であったと考えていたことは先に述べた。そして、木下の推進した学校システムは近代国民国家を担うエリートを輩出するための教育を完成させるために、寄宿制も含むパブリックスクールに類似したシステムを取り入れていた。その意味でローデンの指摘したように、一高生は世界中でみることができたエリート青年の姿に等しく、社会ダーウィニズムの思想の影響とともに世界に拡大した集団スポーツを通じた徳性の涵養を重視するスポーツ教育思想、アスレティシズムの投影があったことを示してきた。木下の教育方針の下にあった当時の一高生は、帝国主義下の時代の中で国家を代表するエリートとしての自覚を促す護国旗がはためく中、スポーツ活動に従事していた。実際、中馬の「我が校列に於ては第一たり」の言にみるように、一高エリートがその威信の第一線を牽引するエリートであることの自覚が示されている。すなわち、エリート中のエリートであるという意味では坂上の指摘の通りであり、その野球を通じた国家的エリートとしての自覚と行軍を通じた国家に対する忠誠心との区別は、方法は異なっても帝国主義下におけるエリートの使命という大前提の中に回収される選択肢であったことは疑いない。その意味では、社会ダーウィニズムと無縁であったのではなく、むしろ、行軍に比しても、一高生の野球が国家的エリートとしての使命に貢献するものとして重視・正当化されたのであり、理論上はスポーツに託された役割が意外にも行軍に勝利したとみる方が自然ではないだろうか。

また、この遠征問題を帝国主義の影響か否かという二項対立から考察するのではなく、アレン・グットマンのいう文化ヘゲモニーの概念から検討すれば、明解さを伴うように思われる。文化ヘゲモニーとは権力構造の定向伝播の構造に疑問を投げかけるものの、文化帝国主義そのものを否定するものではなく、その構造の中にあった微細な権力関係の作用力の複雑性を分析する際に援用される分析視角である。しかし、スポーツがただ文化帝国主義の影響だけによって伝播及び、発展したのではないという主張を補強する側面も伴う。「奴らのスポーツで奴らを倒す」というように、植民地側の受容と同意のプロセス自体が文化を通じた反作用の形で敵対するエイジェンシーすらも誘引するからである[21]。一高の場合も遠征費を行軍費用にせよという学校当局からの力に対して、野球部は議論を重ね、結論として抵抗をみせた。そして、中馬らは、校友会誌に自身の考えを論稿した。この事例は、彼らのスポーツに対する純粋な思いの発露とも捉えられる。しかし、あくまでもそれが国家への貢献を前提とする校風としてのエリートの使命を覆すところまでには至らないことは、野球そのものと校風が一体のものであったと彼ら自身が語っていることからも明らかである。しかし、つまりは、スポーツ全体の普及過程を後押ししていた帝国主義権力への対抗図式であると提示するには、揺るぎない全体構造に対する否定要因を欠いているといわざるを得ない。

次に、野球部について形容された「武士道」と武道において表現された「武士道」について考察しておきたい。坂上は、野球部と撃剣部にみられた「武士道」論の差異について、次のようにまとめている。「質素倹約の風」、「剛健勇武の気」、「直往邁進の概」が野球部独自の価値観であり、これに対して、撃剣部鈴木のいう「武士道」は「果敢勇往の精神」、「活発進捗の気象」や「質朴武健」、「礼節廉恥」、「一致協同の念」に加えて、「万世一系の君主まします、万国無頼の国体」に随伴し、「国家道徳の根本要素」である「忠孝、節義、愛国、尚武的なもの」をもふくんだ「秀美なる道徳」[22]となると述べ、両者の差を、「天皇制イデオロギーとの関連が明確に意識されている」[23]と指摘した。そして、「この〈武士的野球〉論をもってしても、やはりD・ローデンがいう帝国主義との強固な結びつきを見いだすことはできないのである」[24]と説明した。

たしかに、武道には寒稽古などの日本的とされる身体訓練が残されており、武道関連の部と野球部が理想とした「武士道」論は、同一のものを指していない。

第一章において、森下がいみじくも述べているように「この言葉は中世や戦国時代には存在せず近世に入って登場し、しかも刊本を通して全国規模に普及していた。したがって、もともとは戦場における勇猛な働きを理想としながら、やがて平和な社会に適合した道徳的なもの—慈悲の心をもち、義理を知り、他人を妬んだり蔑んだりせず、嘘をつかない、などの態度や心構え—に進化・発展していった。こうしたものが一七、一八世紀に広く見られるようになったものの、一九世紀に入ると衰退しやがて忘れさられ、新渡戸がこの言葉を自分の造語かも知れぬと思うほどだった」とある（第一章二三頁）。それゆえ、武道家においても、武道に国家意識を反映させることこそがこの時期に見られた新しい特徴であり、帝国主義の広がりとともに世界に拡大した「アスレティシズム」のような西洋的スポーツの価値観が柔道や剣道においては、直喩となって表れたことを示している。つまりは、西欧から移入されたスポーツよりも、誰の目に照らしても伝統的概念より背負う武道においては、そのナショナルな表象の直結の表現に差異があって当然であった。天皇制イデオロギーとの直結が直接的な天皇制イデオロギーへの回収であったか、英国を通じた帝国への忠誠心への模倣を通じて意図的な浸透が間接的に画策されたのかの差であろう。

木下のいう「国家道徳の根本要素」である「忠孝、節義、愛国、尚武的なもの」をもふくんだ「秀美なる道徳」は柔道部だけの価値観ではなかった。彼が、理想とした集団であった野球部もまた忠君愛国や節義、天皇制イデオロギーなどの近代国民国家の根幹となるイデオロギーを共有していた。

したがって、木下と野球部との深いつながり、木下が一高生に与えた影響、野球部の愛校心やエリート意識を踏まえれば、「武士道」は、その形成過程において、帝国主義下を貫いていた社会ダーウィニズムの影響の中で形成されたのであり、伝統や国家ナショナリズムを求心力とする保守的な修辞と矛盾するものではない。しかも、人気を博した野球の修辞として見事に適合したと言える。しかも、それは野球に限られたことではなく、武道を含めた多くの体育活動にも少なからず影響を与えていたと言える。ただし、現象面でみれば、様々な抵抗の力学の影響も存在したことを考慮しておかねばならないであろう。

最後に、武道における「武士道」の実際の場面がいかに新しい規範を伴うものであったのかについて述べておきたい。それは、一高と二高（現東北大学）の柔道部の対抗戦でみられた。この対抗戦は一八九九年に始まった行事であり、記念すべき第一回大会は二高の勝利で終わっており、第二回大会は一高にとっては雪辱戦であり、重要な試合であった。

『運動界』の記事の筆者は一高出身者の仲野秀治であった。タイトルには「青葉城裏の復讐」とあり、彼らの大会にかける想いをありありと伝えてくれる。

仲野によると、一高はこの日のために年間を通して「寒稽古」をはじめ相当な準備をしてきた。記事には「寒稽古の皆勤者は二〇名程度であったが、皆良く頑張った」とし、周りからは「寒稽古の皆勤者は未曾有」であったと称されたという。寒稽古を終え、対抗戦は四月一一日に二高にて行なわれ、観衆は「紳士学生が数千おり、会場が満員になっていた」[25]ということであった。この対抗戦が両校の校名をかけた重要なスポーツイベントであったことは想像に難くない。

緊張感が張りつめたであろう会場では、早々に異変が起きた。まず二高の大将のケガが治らずに欠場することが分かり、それによって、大将の順番が変わったのである。これがトラブルになった理由が、判明したのが順序の確認をした前日ではなく、試合開始の数分前であったためである。一高生からすれば、策謀を感じたようである。しかし、二高は「申告時の順序を間違えたのであって政略的悪意はない」[26] と説明する。この「政略的悪意」とは「勝つために何でもして良い」というスポーツでは許されない行為のことを指すと思われる。前述したように、菊池も演説にて「ボートのオールを隠したり、風が変わるのを待つような行為はしてはならない」と教えていることからも、「狡さ」は当時のスポーツ界においてもアンチマナーであった。

このトラブルは、一高生が、二高に政略的悪意があるとは思ってはいない、いけないのは順序を間違えたことであると変更に納得し、試合開始前には解決した。

さて、当時の高等学校の柔道は、私たちが今現在観戦する柔道とは大分様相が異なる。団体は二〇対二〇で引き分けがあり、一試合一五分の勝ち抜き戦であった。この団体戦の肝は、相手のエースをタイムアップによる引き分け以上に持ち込むかが重要だったようである。逆にエースは引き分けまで考えて立ち回る相手に勝つ必要があった。

さて、仲野の観戦記は各試合の様相を丁寧に説明しているのだが、最後に、突然「小人原の中傷は両校の雅量に僅も影響しない」[27]だろうとまとめている。唐突に登場する原の中傷とは何か。この記事内においては、それは分からないが、どうも前号の記事にある「仙台の新聞が、わざわざ社説欄を使って、一高が卑怯な手段を使って勝った」[28]と書いたことを指しているようである。その場面の様子が「一高の外山が勝ち抜け、二高の大将（勝つか引き分けで一高の勝利）に対し、立ち勝負が不利とみて、絞めと抑え込みばかりの勝負をした。審判から注意を受けて立ち勝負となり二高大将の勝利となった」[29]というものであった。

この記事に対して一高生は、「外からみたらそう見えるかもしれないが、責任がある選手が、敵の大将に対して自衛戦法を取り引き分けを狙うのは、よくあることである。むしろそうした誹謗中傷をすることこそが卑怯者である」とし「卑怯者とは、強力なるものが絞めや抑え込みを恐れて、ほどけやすい帯の結び方をするような行為である。こうしたルールを越えてズルい行為をすることこそ武士らしくないと評価されるべきで、弱者が強者に対して自衛する方法をとることはなんだ卑怯ではない」[30]と反論するのである。最後に筆者は、この記事をかいた仙台の新聞記者が悪く、一高と二高で、こうした誹謗を共に排斥したいとまとめている。

さて、この対抗試合から分かることは、スポーツの勝敗が校名を守るために非常に重要なコンテンツになっており、それは学生、学校の枠を超え、地方新聞にまで影響を与えていたこと。そして、ルールに関する議論が行われ始めていたことである。引き分け戦法の是非は置いておいて、一高生は武士を引き合いに出しながら戦法の正統性を述べていた。

仮に、戦国時代の大名である朝倉宗滴の「武士は犬ともいへ、畜生ともいへ、勝つ事が本にて候」という有名な一文の倫理観を用いるなら、勝つために帯を緩めることは正当な策略であると評価できるかもしれない。しかし、一八九九年の日本のスポーツ界においては、近代スポーツと同様にルールが絶対的な支配者であり、それを順守することがスポーツマンとしてのマナーであった。ルールの中で、創意工夫をこらし、勝ち筋を探ることが重要であったようである。さらに言えば、明らかに近代スポーツ規範である態度を「武士」と表現することこそが、日本でよく見られた現象であり、一高の柔道部においても作用していたと言える。

このことからも柔道部における学生スポーツにおける武士的な態度とは、西欧流のスポーツ規範を備えた人物であったことが分かる。勝つために何でもしていいという考え方は非難されていた。そのことが、実際のスポーツシーンにも現れていた。

註

1）『校友会雑誌　号外　野球部史附規則』第一高等学校校友会、一八九五年、一二頁。
2）同上、一三頁。
3）同上。
4）坂上康博『にっぽん野球の系譜学』青弓社、二〇〇一年、三六頁。
5）前掲雑誌、一四頁。
6）同上、一五頁。
7）坂上、前掲書、三七頁。
8）森敦監訳ドナルド・T・ローデン『友の憂いに吾は泣く（下）旧制高等学校物語』講談社、一九八三年、一四頁。
9）同上、一五頁。
10）村岡健次「『アスレティシズム』とジェントルマン」村岡健次、鈴木利章、川北稔編『ジェントルマン・その周辺とイギリス近代』ミネルヴァ書房、一九八七年。
11）坂上、前掲書、六五頁。
12）同上、六六頁。
13）「木下京都大学総長の運動意見」『運動界』第三巻第五号、運動界発行所、一八九九年、一頁。
14）『校友会雑誌　号外　野球部史附規則』第一高等学校校友会、一八九五年、三八頁。
15）同上、三九頁。
16）同上。
17）同上、三九―四〇頁。

18）坂上、前掲書、七四頁。
19）同上、七五頁。
20）同上。
21）アレン・グットマン（谷川稔・石井昌幸・池田恵子・石井芳枝訳）『スポーツと帝国―近代スポーツと文化帝国主義―』昭和堂、一九九七年、三二頁、二〇五頁。
22）坂上、前掲書、一〇一―一〇二頁。
23）同上、一〇二頁。
24）同上。
25）仲野秀治「青葉城裏の復讐」『運動界』第三巻第六号、運動界発行所、一八九九年、二一頁。
26）同上。
27）同上、二六頁。
28）白眼生「中傷者を排す」『運動界』第三巻第五号、運動界発行所、一八九九年、六頁。
29）同上。
30）同上。

第三節　極東アジア選手権大会にみる日本選手団とアマチュアリズム

以上述べてきた通り、近代日本におけるスポーツ規範形成の問題を考える際、英国のスポーツ教育思想、「アスレティシズム」が日本のスポーツ規範に与えた影響はたしかに存在したといえる。当時のエリート学生は、スポーツを通じて、「愛校心」や「忠君愛国」、「自己犠牲」、「男らしさ」、「質実剛健」など、「アスレティシズム」に見られるスポーツ規範を「武士道」として身につけた。本節ではスポーツが、国家のイデオロギーに回収され、ただナショナリズムを発揚する装置としてのみ機能したのではないことを示しておきたい。ときにそれは、日本に見合うナショナリズムへと改宗される以前のより純粋な英国的な規範として立ち現れることにより、実際のスポーツ場面を通して対立構造を露呈するといった興味深いシーンを伴っている。そこで、以下ではもっとも英国的スポーツ規範であったアマチュアリズムが日本で定着していた事実を示す一例として、極東アジア選手権大会（以下極東大会と略す）における日本人のアマチュリズムに対する態度について述べておきたい。同時に、この点は、スポーツ規範としての「武士道」を補強もしており、本書の主張においてより示唆的な意味の提示にもつながる。

極東大会は、アメリカのＹＭＣＡが設立に深く関わっていた。極東大会の構想が日本に伝えられたのは、一九一二年であり、ソルトレイクシティＹＭＣＡ体育主事Ｅ・ブラウンが来日し、極東オリンピック協会設立の交渉を行なった。日本にはＹＭＣＡの主事がおらず、またスポーツ界への影響も皆無に等しかったため、交渉の相手として誕生後まもない大日本体育協会が選ばれた。極東大会の主だった参加国は、日本、中国、マニラ（アメリカ植民地）であったことから、帝国主義下の国家闘争の影響を色濃く反映する大会でもあった。

一九二五年に開催された第七回大会は、マニラで開催された。本大会期間中に、日本人選手団はフィリピン審判団の判定に対し、監督を通じて三〇回以上も抗議し続けた。このときの陸上選手の様子が雑誌『體育と競技』に掲載されている。当時の様子を記録していたのは水泳選手宮畑虎彦であった。退場前日の様子は、「陸上選手は、あんまりひどい審判をするので、今日は退場しようとして一同フィールドに集合したけれど止められた」と言い、昨日にもまして憤慨していたと手記に綴られている[1]。

こうした不満を押さえ込んだ中で迎えたのが、翌日一九日の四〇〇メートル競走決勝であった。

当時のスタートレーンの決定に関してのルールは、予選順位等に関係なく抽選方式で決めるのが規定であった。しかし、大会中に幾度もあきらかにフィリピン選手のスタートレーンが絶好の位置にあったという。四〇〇メートル決勝もその例外ではなかった。同決勝レースは納戸徳重選手が優勢に進めたが、フィリピンのダナオ選手が、最終直線で納戸選手のレーンに侵入し、肘で納戸の胸を突き走行を妨害した。結果、一位ダナオ、二位納戸の着順でゴールした。このときのダナオの不正に日本人選手団は、抗議しなかった。このとき抗議しなかった理由を納戸は『體育と競技』に以下のように語っている。

私は、ダナオは除外すべきだと思った。コーチャーは我慢せよと私に言った。私は、すぐにあきらめた。一昨年の大阪の極東大会を思い出したからである、ダナオは…中略…私に敗れていた、私は当時ダナオの心中を察して、私の今日の胸中にひき比べてこれはいさぎよくあきらめようと思うたからである[2]

以上のように、納戸は前回大会からライバル関係であり、自分に負けたダナオの心情を理解していたからこそ、抗議をしないことを決めたと語った。

そのため納戸の抗議は行なわれなかったが、レース後に審議が行なわれた。日本人選手団は、ダナオの失格の審議であると考えていたという。審議の結果は、日本人選手団には納得のいかないものであった。なぜならば、失格になったのは納戸であり、失格理由はスタートカーブでガルシオ選手のコースへ侵入したためと判定されたからであった。同大会を通じて、いくつもの不満に耐えかねていた選手団は、この納戸に対する不当と思われる失格判定に、神聖なスポーツが汚されていると憤慨を露わにし、総退場を決断した。

しかし、この退場に対して、総合優勝を勝ち取りたい大日本体育協会は競技を続行するように指示した。また退場した場合には、重い処罰（マニラに抑留）を課されることが告知された。

選手たちは、フィリピンを中心としたアメリカ帝国主義の不正に抗議の意を示して、アマチュアリズムを貫くために総退場を決意するのか、もしくは、総合優勝という大日本帝国主義の使命遂行の圧力を介した大日本体育協会による試合続行の決定に従うのか、突如として、選手としての判断を問われることになる。

結論的に選手団は大日本体育協会の命に反する総退場を選んだ。その重い処罰として、宣告どおりに選手はマニラに置き去りにされた。その後、マニラの日本領事の権限により、日本に帰国することができた。帰国後、選手団は『體育と競技』で、その心境を告白した[3]。以下に示す記述は、「日本代表陸上監督選手一同」の筆者名で記載されたものである。

退場の理由は簡単明瞭であり、「アマチュア競技者として…競技を継続する事が潔よく退場するよりも遥に不名誉であり厳粛なるべき運動精神を汚す者だと」信じたためであったという[4]。すなわち、次のように述べて、「真の運動家の精神」をその根拠としている。

競技者は如何なる事情の下にも審判の下す判決に絶対に服従すべきものであって、もしそれが誤った判決であっても之に向かって抗議することなく、勝敗を度外視し、競技を続けて行く事が真の運動家とされ、其の忍従する態度こそ男らしい競技者の精神だと考えられて居たのであります。吾々も今日まで飽くまで之を信じ、之に終始して来た積であります[5]

「アマチュア競技者として」の表現にもある通り、競技者はいかなる場合があっても、審判の判決に従い抗議せず、忍従し、勝敗に捉われない態度が真の競技者であり、男らしいことであると述べている通り、審判に逆らうことが彼らの真意だったわけではなかった。むしろ、彼らの弁にはアマチュア精神の浸透度が現れている。しかし、アマチュアを信奉した選手団にとっては、そのアマチュア精神に照らして、第七回大会は尋常な競技会ではなかったことが次のような表現からも明らかになる。

ゲームに神聖さが保たれて居る限り例へ其の審判に誤審があり規定の適応が誤って居たとしても我々はゲームを放棄してよいとは思いません、否競技者はゲームを遂行すべき義務を負うている。[6]

彼らは、審判が誤審を行なったことを理由にしての退場は許されない行為だと自覚していた。しかし、ゲームに神聖さが保持されていない場合はどうなのかと問うている。その神聖さを汚したのは「審判及び観衆と言う外のものから」であったとある。これは、選手団が極東大会の政治的性格を理解していたことを思わせるものがある。

審判に対して、次のように裁断する。「今回の大会に於ける審判員の大多数は、常識を通り越し、まるで無茶であったと言うより形容の言葉は無い」と述べた。そして審判をしている大多数の役員に対しては、「其の人格を疑い、彼等の競技精神に諦めをつけた」とし、「大会としての普通の約束を無視せる九ヶ条の事件に対し、無慮三十回以上の抗議を行ったのであります。しかも、其の中にはスポーツマンとして口にするに忍びざる人格的なものさへ含んで」いたと述べている。競技会自体が異様であり、選手やコーチをつけて、競技場に居る役員などを「監視して居らねば安心して競技が出来ないのでありました」と述べ、このような「不名誉な競技会が世界何れの所にありませう」[7]かと、悲痛な訴えが書き残されている。選手の目にも明らかであった審判団の故意の誤審が相次いだ第七回大会は、日米の政治闘争にスポーツ大会が翻弄されていたことを示すものであった。

選手団は競技に参加することを尊いとするアマチュアリズムと抗議のための退場を区別し、外からの競技精神の冒涜を理由とする退場行為を「新アマチュア精神」と呼んだ。さらに、大日本体育協会に対しても彼らの正当性を次のように述べ、帝国主義下における国家間の抗争が露骨に表れた国際試合においても、スポーツマンとしての彼らにすでに根付いていた運動に対する精神、アマチュアリズムが教えるフェアプレイの精神を曲げることはできなかったと決然と語っている。

国際的とか帝国の名誉とか言う言葉を頻りに、強制せられました。我々は、たとえ国際的競技であっても我々の運動に対する精神を曲げることは到底できませんでした。否国際競技なればなるだけ、又帝国の人民であるという名誉を思えば思う程又我々が一個のアマチュアスポーツマンたる精神を高く持すれば持する程我々の信条は正しいと思いました[8]

選手団は、帝国の名誉との間との板挟みに遭い、スポーツマンシップを棄てなければならない窮地に陥った。しかし、アマチュアリズムの態度を貫くことが帝国の名誉を守ることにつながると考え、スポーツマンとしての誇りを遵守した。このように、大日本体育協会の背後にあった権力に逆らい、アマチュアリズムの信念を貫いた。

こうした例は、当時の選手は帝国主義が元となる時代の力学の圧力の中にあっても、陸上競技におけるアマチュアリズムに誇りを持ち、その信条を貫いて、競技と向き合っていたことを示していよう。そこには帝国主義的な意味での国家的勝利ではなく、スポーツ競技者としてゲームに参加し、正々堂々と全力でプレイすべきであるという考えが、選手たちに浸透していたことが示されている。但し、繰り返しになるが、こうした行動は社会ダーウィニズムの影響を排除するといった大きな思潮に対する対抗を意味するものではない。実際のスポーツ場面においては、英国的スポーツ規範を国家的なるものに翻訳する際に生じる矛盾を露呈させる瞬間が多々あったことの一例を示すものであった。ゆえに、大日本帝国の威信を背後にすえた大日本体育協会への命に背くスポーツマンたちの行為は、明治武士道が実際には英国的なるものの読み替えであったことをわかりやすく示す傍証にもつながっている。

退場後の納戸選手の様子を、日本選手総監督である高瀬養がとりあげている。「彼れの双頬には、涙の流れを認めることが出来た。思うに納戸選手はレースに悲憤と、選手の退場とに…両面の心痛から唯独り胸を痛めていた」[9]と回顧した。この一文から納戸選手のスポーツマンとしての深い悲しみや悔しさをみることができる。

このように、第二次世界大戦以前の一九二〇年代において、陸上選手が純粋なアマチュア精神を発揮していた事実は重要であろう。この例は、一高野球部の遠征問題にもみられたように、文化帝国主義による権力関係のベクトルが、上から下という単線的であるという考えに修正を迫り、文化のベクトルは時として政治・経済のベクトルとは逆向きとなり、文化帝国主義を微細な権力構造から捉え直す、グットマンの提唱した文化へゲモニーの考え方に合致している。彼ら陸上競技団の行動は、後日雑誌『體育と競技』で取り上げられ議論を呼んだ。彼らの行動は、大日本体育協会という組織への抵抗であり、国益とスポーツを巡る議論に一石を投じるものであった。

以上の例は、「武士道」とは呼ばれず、故意の誤審には従わない精神の強調として、新アマチュア精神と表現された。その意味で英国由来のスポーツ精神はスポーツを通じて忠実に体得され、確実に戦前の日本人選手に浸透していたと言える。

註

1）宮畑虎彦「マニラの十日」體育學會編『體育と競技』第四巻七月号、目黒書店、一九二五年七月、三〇頁。
2）納戸徳重「問題の動機となった四百米」同上、二四頁。
3）日本代表陸上監督選手一同「陸上選手退場に就きて」同上、一四―一三頁。
4）同上、一五頁。
5）同上、一六頁。
6）同上、一七頁。
7）同上、一七―一八頁。
8）同上、二一頁。
9）高瀬養「絶対不出場問題の真相」同上、四三頁。

※本節は、船場大資「第7回極東選手権競技大会（1925）にみる日本人陸上競技選手のスポーツ規範に関する一考察―正格判定を巡る選手行動をてがかりに―」（『山口県体育学研究』第五六号、二〇一二年、一一―一八頁）を加筆・修正の上、転載した。

第四節　英国スポーツ規範の普遍化の事例―「一日一善」の形成―

本章の最後に、英国規範の影響を受けたスポーツ規範が、実際にどこまで普遍化したかについて思考を及ぼしておきたい。これまで一高を中心としたエリートの状況を軸に論じてきたため、エリート階層を超えた広がりについて補足しておく必要があると考えるからである。そこで、着目したのが少年義勇団である。少年義勇団をはじめとする日本のボーイスカウト団体は、英国のボーイスカウト運動の日本的受容を通して定着する。英国でのボーイスカウトの誕生は、一八九九―一九〇〇年のボーア戦争が契機となった。創始者は、周知のように当時陸軍大佐であったベーデン・パウエルである。ボーイスカウトは、ボーア戦争における少年の活動とかかわり（マフェキング見習い兵団）によって、設立の構想へとつながることになった[1]。

日本では、「少年義勇團」の訳語もあるが、ボーイスカウト運動を紹介した人物は幾人かいる。今西嘉蔵もその一人であり、『英国少年義勇団の組織と其教育』（一九一五年）を出版し、規範や訓練を以下のように紹介した。注目しておきたいのは、ここでも、「一　古武士的精神の養成」にみるように、英国規範を日本の「武士道」になぞらえて紹介している点である。

一　古武士的精神の養成

国王、宗教及び自己の体面の為には身命を賭するに躊躇せず…中略…弱を助くるは古武士の精神なりき。英国人は虚言を忌むこと他国人より太だし。されば、団児虚言を吐き、又他人の物を盗むよりは、寧ろ死すべしと教えられる

二　忍耐

忍耐の必要なるは論を俟たず。されど之を教えるに、ただ口舌を以てするも何の効果あらん。…中略…長途の強行軍露営等をなし、日本の柔道をも之を奨励す

三　愛国心

国家的生活に最も必要なのが愛国心也。されば、本団に於いては深く愛国心の養成に勤む。英国が今日の如き偉大を致したるは、一に父祖の愛国心の賜物なる…中略…国家を先にして自己を後にせよ。遊戯娯樂を後にして国家を先づ念とせよ

四　規律

本団は共同生活を完全に営み得べき。国家社会有用の材たる第二の国民を作るを以て目的とせるものなれば、規律を尚ぶは当然なり

五　公共心

一日に必ず一の善事[2]

今西によると「義勇団の目的は、此少年の品性を、其白熱時代に補へて、鋳て以て、正しき型に作らんとするにあり」、「古代騎士の武士道に加うるに、当代殖民の備うべき勇気、堅忍、知略、確実等の性質を以てしたるもの即ち是」[3]とある。日本には古代騎士が存在しないにもかかわらず、武士

道に置き換えられ、その精神に勇気、堅忍、知略、確実といった今日必要とされている徳目が加えられ、同格化されている。「二一 忍耐」の項目では、柔道を推奨することで、あたかも行軍に柔道同様の効果があるように記載した。このような修辞を用いることで、スカウトを通じて、あたかも日本的な道徳心が養えると印象づける工夫がなされている。

また、「中将は曰う。〈少年義勇團の目的の一は、吾人の間に古代騎士の信条を復活せしめむとするにあり〉」とし、「日本武士道が今日に至るまで其精神界の花なるが如し」と、英国の騎士道と「武士道」を同様のものであるように説明した。加えて、「不幸にして我が国の武士道は殆ど廃滅に委せられたり。而して吾人の目的は、此の武士道によりて団児を訓練するといふよりは、寧ろ之によりて団児自ら訓練する事を教へん」と述べ、古来の武士道によって訓練するのではなく、英国のボーイスカウトから習得される規範によって自律訓練を促し、それによる「武士道」の復活を含意している。

さらに今西は、ベーデン・パウエルを理想の古代騎士としながらも、「中将は真に英国古武士の典型なり。而して義勇団の設立も、亦実に此の武士道復活の為なり」とベーデン・パウエルを古武士になぞらえ、本来は異なる英国騎士と日本武士を徹底的に結びつけた[4]。

このように、今西は、ボーイスカウトを学ぶことは英国の騎士道規範を訓練することに等しく、本来は別物である日本の「武士道」を身につけることができることになるという論法を用いている。こうして、ボーイスカウト運動の規範は、「武士道」精神になぞらえて解釈されたことで、「武士道」化した。

次に、ボーイスカウト運動の普及に努め、「青年の父」と称された山本瀧之助の著作に注目し、両者の関係を明らかにしたい。山本瀧之助著『地方青年團體』（一九〇九年）には、以下のような記載が見られる。

五〇　少年義勇団

外国に出来ているような少年義勇団の精神なり技能なりを、今日我国の青年会に取り入れることは急務であろうと思える。参考の為めに東京義勇団の団則を左に掲げる[5]。

このように、山本もボーイスカウトの存在を、早々に認知しており、青年会に取り入れる必要性を説いていた。具体的には、ボーイスカウトの規範を紹介し、青年会でも実践すべきとした。中でも、ボーイスカウトの理念にあった「一日一善」の紹介に注目してみたい。これは「確に明治四十四年頃の事であつた。彼の英吉利『少年義勇團』の組織が追々我が邦に伝わるに連れて、其の義勇団の掟の一である事〈一日一善〉が漸世間に知られて来た」[6]と紹介している。さらに山本は、格言を引用することで、日本の伝統的な精神であると述べてボーイスカウトにみられた「一日一善」の日本化をはかった。その手法は次のようなものであった。安永に明の袁了凡の書物にも「一日一善」の記述があるとしてアジア的親和性に誘導し、受容の土壌を用意した。しかし、ボーイスカウト運動が紹介される前の日本において、「一日一善」は民衆に広く認知されておらず、それまでは存在しなかったも同然の規範であった。また「一日一善」を日本に広めたのがボーイスカウト運動であったことは、冒頭にボーイスカウトの掟であると紹介していることからも明らかである。このようにして、英国的スポーツ規範を紹介する脈絡に古典を介在させることで、「一日一善」の理念を違和感なく、日本に浸透させ、スカウト用語として定着させる素地を用意した。また山本は「一日一善会」を創り、この規範を青年会で推奨し実行させた。山本の著作集にも『一日一善』（一九一三年）があり、彼がこの理念を重視していたことが分かる。

一方、山本は、当時の青年団を『団体訓練』（一九二八年）の中で厳しく批判した。「団といはないで従前通り会と称した方が、寧ろ今日の青年団には、相応しいのではあるまいか」と主張し、「団といえば先づ団体の団である。団結の団である。…中略…要するに会の臨時的なのに対して団は常住的である。今日の青年団は果たして常住的のものであらうか。団員同士が相互に団結して、真に団の体を成しているのであらうか」と述べた。そして、「今試に青年団を掌に載せて、フット吹いて見たとすると、それは恐らくは忽ち四方に飛散してしまうのではあるまいか」[7]と例えた。

このことは、一九二八年当時において、山本の理想とする青年団がまだ確立していなかったことを表している。山本は、青年団には小学校が重要であると考えており、「青年団の指導上今日最も大切な点は一口にいえば、小学校を振り向いて見よ。小学校に立ち戻れということである」[8]と述べ、小学校教育に青年団の基礎を据え付けることを望んだ。つまり、「これ又要するに学校時代に於て青年団を期待させると共に聊かたりとも団体訓練を施して置けという外ならぬ」[9]という主張の通りである。集団訓練の在り方についても山本は以下のような自説を展開している。

いくら生徒に対して協同一致の理を説いたり、実例を示したりした所で、それで決して完全に精神の獲られるものではない。これはどうしても生徒をして団体の一員たらしめて、自ら団体の事に肉薄させるといふことの外に最も勝れた方法はない筈である[10]

つまり、山本は、団体活動を行う上で、協同一致の理念を重視していた。阿部生雄は、「〝筋肉的キリスト教〟と近代スポーツマンシップの理念形成」を解釈する際、『トム・ブラウンの学校生活』の中でチームスピリットとは、「同朋意識を媒介とした団結、利己心を滅し切った協同、位階制に基づいた規律、相互信頼や統率力を培うチームゲームを礼賛する」ものであると説明しており、「近代スポーツマンシップの柱の一を構成する」[11]と述べている。英国が、協同一致の理念を養うために団体を重視したのと同様に、山本も協同の精神を養うために、「一員たらしめて、自ら団体の事に肉薄」することを必要とした。チームゲームについても以下のように推奨している。「少年たるや、果して団体訓練の可能性を有しているかということである。これは問題にするまでもない。心理書の中には幾多もこれを説いてある」とし、「良習慣が形造られ、結果本能があらはれる時には、フットボールとかクリッケットとか尊き遊戯を供給せられる。これらの遊戯は精力を十分に出す事ばかりでなく協力、指揮者に対する服従、己の組の為に己を犠牲に供する云う風の性質を養う」[12]とドラモンドの言葉を引用し、フットボールやクリケットという英国の「アスレティシズム」が重要視した集団スポーツを推奨した。このように、青年団の団体精神を養う上で、山本も英国スポーツを通じて涵養される徳性を奨励し、その精神を受容していたことが分かる。

以上より、英国のボーイスカウトの規範は、今西や山本らによって、青年教育や青年会組織に伝えられたと言えよう。その過程において、あたかも、元から存在した日本的規範すなわち、「武士道」と融合するものとして紹介している。しかし、青年団にとり入れられるべき団体訓練の在り方については、英国の集団スポーツの形式を理想としていた。山本は、青年会に英国スポーツ規範という西欧流の「文明の精神」を加えようとした。またそれらは、「武士道」や「一日一善」に象徴されるように、日本的修辞をなし、日本の伝統的規範として受容され、実践される根を形成した。

一九二〇年代にボーイスカウトが紹介された際も、英国スポーツ規範が「武士道」として啓発されていたことが分かる。ボーイスカウトの掟であった「一日一善」が、日本の美徳のように定着したことも、西欧流の「文明の精神」の受容過程のひとつであり、ここにおいてもまた「武士道」への置換がなされている。また、こうした例は、西欧流のスポーツ規範が、ただエリート学生にだけ伝えられたのではなく、一九二〇年代になると、一高といったエリート教育機関以外の青年が活動する場でも活用されていたことを示している。

しかしながら、エリート、民衆の双方に伝えられたスポーツ規範としての「武士道」は、転機を迎える。終章では、ファシズムによる転機を踏まえ、近代日本におけるスポーツ規範形成と武士道との関係に生じた次なる変化について論じる。

註

1）田中治彦「英国におけるスカウト運動の発足」上平泰博、田中治彦、中島純編『少年団の歴史　戦前のボーイスカウト・学校少年団』萌文社、一九九六年、二〇―二四頁。

2）今西嘉蔵『英国少年義勇団の組織と其教育』同文館、一九一五年、二四―二七頁。
3）同上、二四三頁。
4）同上、一五〇―一五一頁。
5）山本瀧之助『地方青年團體』熊谷辰治郎編『山本瀧之助全集』日本青年館、一九〇九年一二月、二一二頁。
6）山本瀧之助『一日一善』同上、一九一三年、五九頁。
7）山本瀧之助『團體訓練』同上、一九二八年、四三一頁。
8）同上、四四〇頁。
9）同上、四四一頁。
10）同上、四五四頁。
11）阿部生雄「〝筋肉的キリスト教〟と近代スポーツマンシップの理念形成」岸野雄三教授退官記念論集刊行会編『体育史の探求』岸野雄三教授退官記念論集刊行会、一九八二年、一二六頁。
12）山本瀧之助『團體訓練』前掲書、四五七頁。

終　章　ファシズムによる「武士道」の変容

船場　大資

一高生らエリート学生は、スポーツを通じて、西欧流の「文明の精神」である「忠君愛国」や「質実剛健」、「男らしさ」、「自己犠牲」といった諸徳目を学んだ。エリートの規範であったスポーツ規範が、日本的価値と融合するさいに「武士道」に集約された。しかし、その「武士道」はナショナリズムを高め、国体思想との一体化を仕組む上で選ばれた新たな概念を意味する言葉であった。その結果、ファシズムを通して、再解釈されるに至り、太平洋戦争が始まると「武士」の生き様として、戦争で「死ぬことと明確に結びついた。例えば、江戸時代の武士の死生観は、以下のように説明された。大道寺友山著『武道初心集』には、「一年中、常に死を覚悟して過ごせという教えは、しかし、死に急げというのではない。逆に、死という最悪の出来事を想定することによって緊張感を過ごせば、無事に長生きできる」とある[1]。

また『葉隠』は「武士道と云うは死ぬことをみつけたり」という一文がよく知られている。しかし、この条の末尾までを読めば、「死ぬ覚悟をしていれば一生無事に過ごせる」[2]を意味していることが分かる。このように、実際は、武士として、安易に死ぬことを奨めているのではなく、そのような覚悟で生活すれば落ち度がなく安寧に暮らせるという処世術を説く際に用いられていた。しかし、これらの武士の死生観にも、前述した「mens sana in corpore sano 健全な精神は健全なる身体にやどる」と同様の曲解が生じた。すなわち、「武士道と云うは死ぬことをみつけたり」という部分が過大解釈されたのである。

一九四二年に刊行された『新日本体育』では、「〈葉隠論語〉の中に〈武士道というは死ぬことと見つけたり〉と云っているが、スポーツ場も亦、日本人として如何に死ぬるかを訓練する場所」[3]と教えている。このように、「武士道」は、ファシズムを通じて、超国家主義のイデオロギーの中に埋没する。とりわけ、明治時代にブームを巻き起こした『葉隠』の一文が都合よく利用された。スポーツに「死狂」という価値が付与されたケースもあった。スポーツの理想の究極は、「日本人である限り〈忠孝〉にあらねばならない」[4]と主張された。その理由は、「われわれが生きており、スポーツを楽しめるのは、畏くも陛下のお陰であり、国家のお陰で」あるためであり、「スポーツによって身体を練り、身心を育成してゆくのも、君のために喜んで、死ぬることの出来、親のために惜みなく己を棄てんがため」[5]であった。

国家のために惜しげもなく命を捧げることができ、真に国家のために「死狂」の行業をなすことができるようにせんがために、真にわが身を愛し、わが生命を愛惜するのであるから、真に体育心を起さしめるには、このことを措いて外にないといえよう[6]

こうした一節にみられるように、「体育心」とは、「武士道」精神を養い、国家のために「死狂」する心と身体を育てるためのものに変化した。このように、ファシズム下において、スポーツにおける「武士道」とは、もはや西欧論者のいうエリート教育の要ではなく、青年を超国家主義に誘うために「滅私に向けての闘争欲の培養手段として教育を規定」[7]する際の標語となった。

そもそも「明治武士道」の登場以来、「武士道」は、ナショナリズムの発揚、日本近代国民国家のエリートが素養として持つべき「愛国心」や「自己犠牲」を促す規範を表す言葉となった。しかし、「武士道」は、ファシズム下においては、自己を肉弾に変える根拠として利用され、多くの日本人が激戦地に赴いた。

また、スポーツ競技に着目してもファシズムと迎合することでスポーツの本質が変容した。例えば、陸上競技も以下のように変容した。一九三八年五月一五日に「国防力増強的体育運動大会」（以下「国防大会」と略す）が明治神宮外苑競技場で初めて開催された。開催者は、陸軍省、海軍省、文部省、厚生省、東京府をはじめとした一府四県の後援の下で、新しく組織された関東地方青年学校国防体育振興協会と東京日日新聞であった。開催主旨を白黎は以下のように説明した。

国防的な数種の運動種目を制定したものである。…中略…政府は先に国家総動員の訓令によって、此の時局に善所するの態度を明確にし、これと共に国民精神総動員運動をもって、非常時局下に最も緊要な、堅忍持久、困苦欠乏忠君愛国の日本精神を昂揚せんとして居り、国民撃って協力一致、皇国の理想を実現せんとしているのである[8)]

つまり、国家総動員法に基づいて、堅忍持久や忠君愛国といった日本精神を発揚するためのスポーツ競技大会であると述べられている。忠君愛国は英国規範とも通底するものがあるが、「国民精神総動員運動をもって」の語は自律の気風を礎とするチームスピリットからの飛躍である。まさしくファシズムを反映する大会となり、競技項目は国防目的の様相に染められた。国防大会の運動要目は以下の通りである。

大会項目[9)]

總則

1・スパイクの禁止・陸上運動場のような適切な施設で行う。

2・『位置に就け』で（伏せ）になる。（陸軍体操教範第四十二図の一）（図一）

3・『用意』で（出発姿勢）になる。（陸軍体操教範第四十二図の三）（図二）

4・号砲で発走。

図一　「陸軍体操教範第四十二図の一」
出典　大日本体育学会編「国防体育運動要目」『體育と競技』第 17 巻 4 月号、大日本体育学会、1935 年、93 頁。

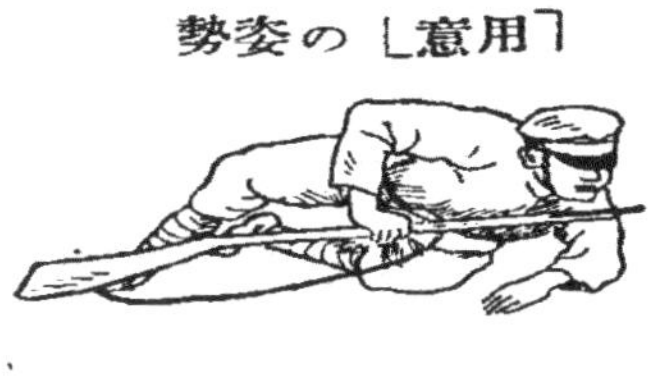

図二　「陸軍体操教範第四十二図の二」
出展　同上。

採点種目

1・行軍競走

（一組一ヶ小隊の五六名）

（四千米を四列側面縦隊で走る。脱落者がでると減点）

（服装は執銃帯剣）

2・団体障害物競走

（様々な障害物等がある）

（水壕・木製障碍・乗越用板塀など）（図三）

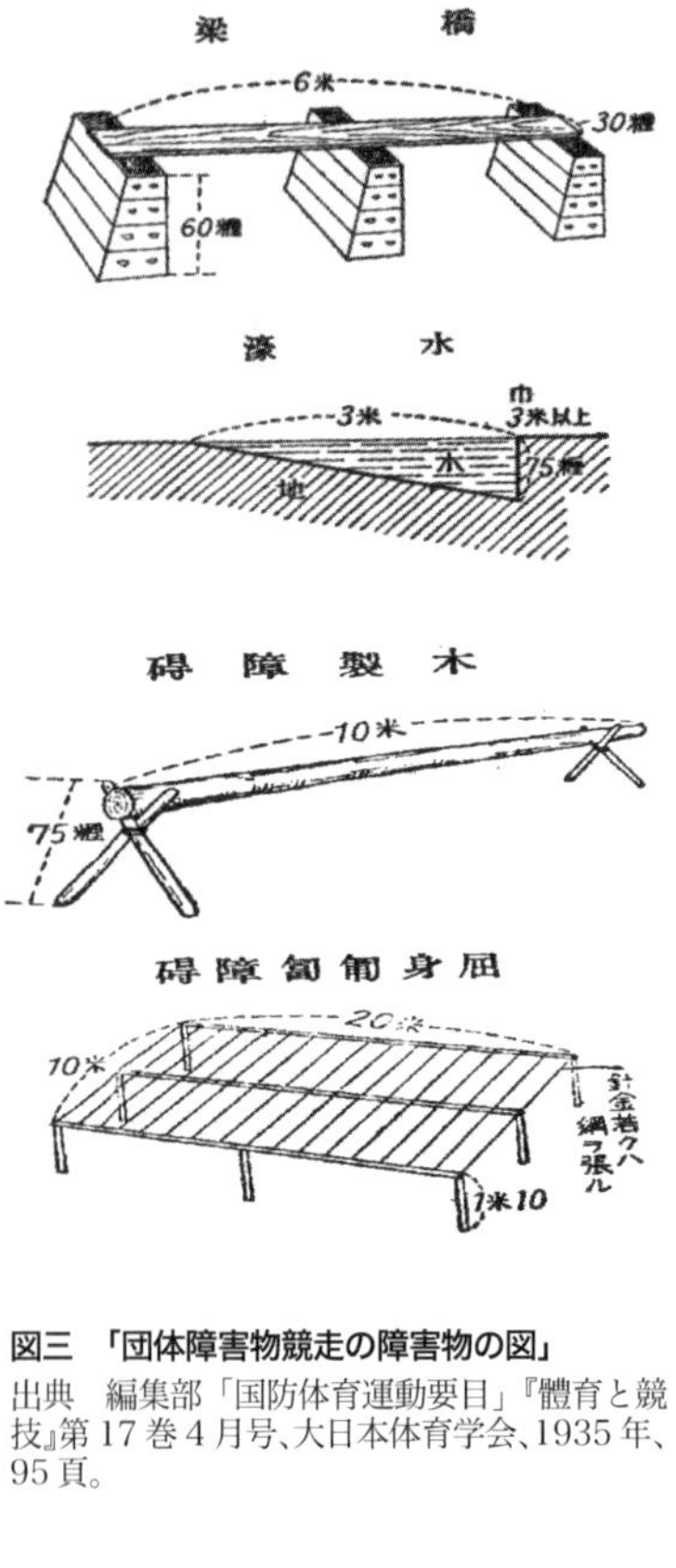

図三　「団体障害物競走の障害物の図」

出典　編集部「国防体育運動要目」『體育と競技』第 17 巻 4 月号、大日本体育学会、1935 年、95 頁。

3・早駈継走　　　（五名一組で千米を二百米分走）
4・土嚢運搬継走　（高学年の服装は執銃帯剣）
　　　　　　　　　（五名一組で五百米を百米分走）
　　　　　　　　　（土嚢を次走者に渡す。重量は高学年で十貫）
5・担架継走　　　（三名一組で一名を担架に乗せ運搬）
6・手榴弾投擲　　（人像に当たると三点。五米円内で二点。十米円内で一点）
7・綱引　　　　　（一組十名で行う）
　　　　　　　　　（三米以上引っ張ると勝負有り）

公演種目
1・戦闘教練
2・瓦斯攻防演習
3・銃剣術試合
4・自転車訓練
5・建国体操
6・分列式

図一・二からも明らかなように、選手は銃剣を帯刀し、戦争を想定した種目を競わされた。陸上競技ではなく軍事訓練であった。このような種目が、国防大会の運動要目となった時に、それらはスポーツではなくなった。また選手は、スパイクの禁止により記録を求めることが困難になり、東京オリンピックの中止も告げられ、純粋な競技形式の全国大会という目標も失った。何よりも優秀な選手が戦死し、当時の陸上競技選手のスポーツへの意欲が減退した[10]。国防大会の出現は、ファシズム下の体育・スポーツの様相を伝えている。

青年会で推奨されたボーイスカウト運動も、ファシズム期になるとヒットラーユーゲントを歓迎するに至り、ドイツのヒットラーユーゲントを行軍の理想と考えるようになった。すなわち、日英同盟期にもたらされた英国のボーイスカウト運動が、ドイツのヒットラーユーゲントに置きかえられたと捉えることができる。実際、宮本守雄著『勝利への道』（一九四一年刊行）では、ヒットラーユーゲントとの関係が強調されている。当時文部大臣であり、大日本青少年団長を兼任した橋田邦彦は、その序文で、第二次世界大戦でのドイツの快進撃を賞賛し、「わが国はドイツとは特に深い関係を有ち、我が国青年少年団とヒトラー・ユーゲントとの間には交換訪問が行われている程である」とし、「ドイツの勝利がドイツ青少年教育訓練に負うていること甚だ大なること想う時、彼等の生活はわが国青少年の特に時局下に於て、幾多の参考とすべき」[11]と述べている。

同書の序文を担当した二荒芳徳は、少年団日本理事連盟理事長も歴任した人物であり、上平泰博は、彼を国粋主義者と評している[12]。

二荒は、戦時下に入ると『勝利への道』の序文の中で、「我が神武天皇即位紀元二千六百年を…中略…世界は新しい、神々しい、従来より遙に高度の偉大な精神生活の大目標に向って進発したと云い得る。而してその先駆をなすものは東に於ては我が日本であり、西に於てはドイツである」とし、「我に於ては皇祖皇宗の宣示し給うた八紘爲宇の高遠なる大理想に基き、彼に於ては稀世の英傑ヒットラー総統の生新なる世界観によって、この地上に新しき秩序を建設せんとするの気運を醸成した」と述べ、日本とドイツの関係を強調し、天皇とヒットラーを同列に置いて賛辞した。また、「この故に日独は当然に相結び協力して…中略…あらゆる困難辛苦を突破撃滅して、天命の実現に向って、敢闘又敢闘するの烈々たる意思と、炎々たる情熱を持たなければならぬ」[13]と親ドイツ路線を強調している。さらに特筆すべきは、「軍人の占領地に於ける厳粛なる武士的態度は実にヒットラー・ユーゲントの透徹、正確なる鍛錬より流出している」[14]と述べ、ドイツ軍人の規範を「武士道」になぞらえている点である。すなわち、理想の「武士道」を、アマチュアリズムなどの規範を兼ね備えた紳士的人物ではなく、ヒットラーユーゲントの規範を兼ね備えたドイツ軍人に求めた。

そのヒットラーユーゲントとの交流を深めたのは、少年義勇団であった。それは二荒が「回顧すれば昭和十二年の夏、余が大日本少年団連盟の代表派遣団を引率して欧州に赴いた際、時のドイツ国青少年指導統監フォン・シラッハ氏は一行を迎うるに国賓の礼を以て」[15]歓待してくれて感動したとの記述があり、二荒は、積極的に少年義勇団にヒットラーユーゲントの規範を取り入れようとしていたことが伺える。なぜボーイスカウトはドイツと交流を深めたのだろうか。そのことを考察するために、一九二四年のコペンハーゲン決議宣言に立ち戻りたい。

コペンハーゲン決議宣言では、ボーイスカウトとは「国家的、国際的、普遍的」であると宣言した。

そして当時の日本では、「少年団は国際的であって、しかも日本的でなくてはならぬ。進歩的であって保守的でなくてはならない。即ち、国粋を保存して、しかも国際的でなければならない」[16]とした。このことは、上平によると、「国家的であり、国際的であるという矛盾した二重構造」を持っており、「〈この異質な二重構造は〉、昭和期に入ってからは、少年団日本連盟の国際平和主義と国防国家主義の均衡論は政治情勢の転換によって破綻しつつあった」[17]と解釈されている。すなわち、超国家主義への移行に基づき、少年義勇団も、国粋的側面が強化されたことを示している。

それは、ヒットラーユーゲントとの交流が盛んになることからも分かる。少年義勇団は、イタリアの青少年団であるバリラにも派遣団を送り、ムッソリーニとも会見し、ドイツ、イタリアの青少年団との関係を深めた。上平によると「〈満州事変〉下において少年団日本連盟の〈少年団〉が防衛と称して果敢に対外侵略に加担し、国際協調精神の欺瞞性を内外に露呈している」とし、「日本政府の国際連盟脱退もあって決定的な転換を余儀なくされる。つまり、少年団の国際関係は次第に日独伊の青少年団に挟まり、ファシズムとナチズム青少年団との対外交流が濃密となって、ボーイスカウトの〈本家〉であった英米との関係は冷却していく」[18]。このように、少年団が軍部と密接な関係を持ち、英国から伝来したボーイスカウトは、軍事同盟の変化とともに英国伝来の団体組織ではなく、日本の国体観念に則した団体へと変化したと言える。このことは、国際連盟を脱退し、本家の英国が敵国となり、ドイツ・イタリアが同盟国となった結果でもある。英国的ボーイスカウト運動は色褪せ、ヒットラーユーゲントとの結びつきが強化された。

以上のように、日本がヒットラーユーゲントと結託したことは、ボーイスカウトの自律性の限界を象徴している。『勝利への道』や平沼良著『国家国民の体育』（一九四一年刊行）が刊行されたことで、日本の少年義勇団はドイツに学び、ドイツと歩む必要があるという主張がなされた。こうしてボーイスカウト運動もファシズム期には純粋なスポーツ的側面としての限界を迎えた。

つまり、明治以降に日本に受容された英国スポーツ規範は、ファシズム国家としての様相が色濃くなるにつれて変容した。スポーツおける「武士道」は、ドイツ流の精神と合致するものとして、ヒットラーユーゲントが用いる用語や理念に置換された。

このようにして、ファシズム下において、スポーツ規範としての「武士道」の中身が変容した。「武士道」における「死」に対する理念が歪曲され、そしてその歪曲された理想の源流が英国からドイツに移ったことは、つねに「武士道」が、国体に合致した時代の精神を発揚する装置に過ぎなかったことを示している。

『実業之日本』第36巻第21号における新渡戸稲造追悼号（1933年）は、同年のドイツの国際連盟及び軍縮会議脱退を図示した。

註

1）佐伯真一『戦場の精神史』NHKブックス、二〇〇四年、二〇七頁。
2）同上、二一一頁。
3）前川峰雄『新日本体育』教育科学社、一九四二年、一五五頁。
4）同上、一五八頁。
5）同上。
6）同上、一八〇頁。
7）入江克己『日本ファシズム下の体育思想』不昧堂、一九八六年、二三一頁。
8）白黎「新興「国防体育」大会を賛す」『體育と競技』第一七巻四月号、大日本体育学会、一九三八年、二一―三頁。
9）編集部「国防体育運動要目」同上、九三―九九頁。
10）織田幹雄『陸上五十年』時事通信社、一九五五年、一二四頁。
11）橋田邦彦「序」宮本守雄『勝利への道』朝日新聞社、一九四一年、一―二頁。
12）上平泰博「戦時体制下の少年団」上平泰博、田中治彦、中島純編『少年団の歴史』萌文社、一九九六年、一九〇―一九三頁。
13）二荒芳德「「勝利への道」に序す」宮本、前掲書、三頁。
14）同上、五頁。
15）同上、四頁。
16）小柴博、奥田秀彦、寺岡一義編『少年団日本ジャンボリー』東京連合少年団、一九二三年、二一―六頁。
17）上平、前掲論文、一九四頁。
18）同上、二五六頁。

結論　日本的スポーツ規範「武士道」の再考

船場　大資

これまで近代日本におけるスポーツ規範の形成は、西欧規範と日本の伝統的価値観の折衷によるものとされてきた。しかし、その融合の在り方を問う細部の議論において、「武士道」は明治期に創られた伝統であったことを示す近年の研究とどのように接合されるのかについては詳細に示されてこなかった。

新渡戸稲造は、一八九九年に『武士道』を著し、世界に『*Bushido: The Soul of Japan*』としての「Bushidō」を広めた。英語版の中身を読めば、新渡戸は、極東の小国、日本にも西欧と同様の「文明の精神」が存在することを世界に伝える目的で、「武士道 Bushidō」の語を用い、その規範の例示に西欧の英雄の物語をふんだんに用いていたことがわかる。その八年後、日本語版が刊行され、社会の様々な局面においてすでに多用されるようになっていた比喩としての「武士道」は、日清・日露戦争を経験した後の文化保守主義の傾向が強まる日本社会の中で、より伝統的でナショナルな修辞としての武士道ブームに火をつけた。なお、鈴木範久が『新渡戸稲造論集』で、「『武士道』以外、新渡戸がどういう考えの持ち主であったかとなると、ほとんど知られていないのが実情である」[1]と述べている通り、彼の思想を考察するには、新渡戸が編集顧問を務めた出版社、実業之日本社を通じた大衆への伝道活動が助けになる。同社の歴史と思想は以下のようなものであった。

看板雑誌は『実業之日本』であった。これまで、『実業之日本』は経済誌の側面から分析されてきたが、馬静は、同誌のもつ政治や思想を理解するための資料として注目した。馬の視点を継承しつつ、第二章第二節にて論じたように、同社の刊行物や社長、増田義一の啓発する新士道とは資本主義社会の新たな支配階層であるサミュエル・スマイルズの言う英国流的なジェントルマン、生産倫理、勤労の教説を尊ぶ新たな支配階級の理想を説くものであった。増田は日本の将来のために大衆教育と善導活動を重視しており、新渡戸は増田のこの活動に大いに賛同し、吉野作造らの反対の声を押しのけ、同社での執筆活動に積極的に取り組み、編集顧問となるに至った。

『実業之日本』における執筆活動を通じて、新渡戸の伝道活動が展開された。当時、高等教育まで進学できたのは、限られたエリートのみであったが、「文明の精神」は、こうした出版物を通じて、より幅広い階層の人々にも新しい時代の精神が啓発された。このことは、第二章第一節および第二節にて述べた通り、一九〇八年に社長増田義一が、新渡戸に編集顧問に就任して欲しいと要請した同年に、衆議院議員濱口擔が『実業之日本』に、ケンブリッジ大学での留学経験から英国人のスポーツ活動に感銘を受け、「余の実見せる英人の武士的精神」（一九〇八年）を投稿し、菊池大麓も同年に「余の英国にて感じたる競争上に於ける武士道」を投稿していたこととともかかわっていよう。このように『実業之日本』の中で、英国流のスポーツマンシップが「武士道」と表現されたことは、明治時代に新渡戸の意図する「明治武士道」は浸透した事実を示している。

さらに、第三章では、明治期のスポーツの担い手であり、「武士道」の体現者であった第一高等学校の学生は、F・W・ストレンジや、菊池大麓、木下広次、新渡戸稲造ら西欧論者の教育者に影響を受けながら、スポーツを通じてエリートとしての素養を身につけたことについて論じた。第三章第一節で示したように、その始まりの一つに、英国人教師のストレンジが開催した運動会（一八八三年）があり、日本スポーツの黎明期に彼はスポーツを通じて、学生に英国規範を教えていた。しかも、ストレンジの友人であり、英国留学中に日本初のラガーマンとなった菊池がストレンジの教えた英国規範を「武士気質」と表現している。

木下校長は、森文部大臣から直接依頼され、一高の教育方針を一任された。彼は、一高にパブリックスクールにおける最大の特徴である自治制寄宿舎を導入し、また校友会、護国旗、四綱領、校風をもたらした。そして、木下はパブリックスクールの教育システムと同様にスポーツ活動を奨励するために校友会を設置し、学生にとってスポーツ活動は校名の尊厳を背負うまでに至った。また國の文字を掲げる護国旗が校旗と共にはためくこととなり、両者は天皇への忠誠、忠君愛国、エリート教育の象徴としてひとつのものとなった。こうして、一高のスポーツは愛校心を育み、それを愛国心に回収する役割を果たした。一高は木下の教育方針によって、「極東のパブリックスクール」としての意味を付与されたと言える。

一九〇六年になると新渡戸校長時代が始まる。第三章四節で詳述の通り、運動部の石本が、新渡戸に「先生は僕の理想の人はトーマス・アーノルドだとおっしゃった」ことを一高の『自治寮史』が書き残している。その言葉を聞き、新渡戸は「なりたいものはアーノルド先生である」と返答したことも同『自治寮史』は伝えている。石本の理想とするアーノルド校長とは、『トム・ブラウンの学校生活』にでてくる創作されたアーノルド校長であった。このことは、一高生が教養書として同書を愛読し、ラグビー校でスポーツを通じて男らしく成長するトムのような英国のスポーツマンを理想としていた事実を伝えている。

新渡戸も実際のアーノルド校長のように、毎週月曜日第一時限に、一年生を倫理講堂に集めて講義を行っていた。それゆえ、両者の一致は単なる偶然ではなく、上記の逸話は新渡戸校長も一高生も、自らの学校の学風の理想と英国のエリートスクールの理想とが当時、親和的な関係にあったことを示すものであった。

このように、一高の教育者たちは、英国のパブリックスクールやエリート学生が進学したオックス・ブリッジをモデルとする時代のエリート教育をもたらした。

第四章では、教育者の理想を学生が体現していたのか否かという視点から考察を行なった。木下校長時代が始まったときに、野球部に在籍していたのが野球の名付け親[2]とされる中馬庚であった。中馬率いる野球部と木下の関係性は深く、木下は一高職に就いていない時期も一高野球部を支援し、野球を学生スポーツとして奨励した。彼ら野球部は、スポーツを通じて、木下の教育によって愛校心が育まれ、野球での勝利を通じて「第一」というナンバリングを持つ自分たちが威信の第一線を牽引するエリートであることを証明しようとした。

さらに、学生のスポーツシーンや『運動界』などへの投稿から、彼らの言う武士的な態度とは、英国のスポーツ規範であったことを示した。「トム・ブラウン」が理想の一人であった一高生は、世界中のエリートと同様に、正々堂々と男らしくフェアにプレイすることを美徳とし、自己犠牲、忍耐、勤勉、克己心、協調性を重んじ、金銭を目的とせず、校名を守るためにスポーツに取り組んだ。それは一高の教育成果であり、スポーツ教育は、英国のエリートスクールにおけるスポーツ教育思想であった「アスレティシズム」教育と同質の人格教育に重きを置くものであった。

よって、ローデンが「武士道」といった日本的徳性が、特に英国の学校で育まれた徳性と酷似していたと論じていたことに触れたが（第三章一三二頁）、これは偶然の一致ではないことが分かる。本書で示してきた通り、むしろ、ローデンが伝統的な価値観と評価した「武士道」の出発点すらも、その中身は西欧と対等となるための「文明の精神」であったことがわかる。加えて、近代日本におけるスポーツ規範は、帝国主義下の世界中で見られたエリート教育と共通するものであり、一高を「極東のパブリックスクール」と呼ぶことも、あながち外れた見解ではないということになろう。

近代日本は、英国がそうであったように、近代国民国家の確立に向けてエリート教育とスポーツを結びつけた。そこで培われたスポーツ精神とは、社会ダーウィニズムの影響を受けた「アスレティシズム」に等しい人格陶冶を目指すものであった。しかし、アスレティシズムは表面には現れず、日本では、新渡戸がその傾向をより顕在化させるにつながった「武士道」ブームから日清・日露戦争期のナショナリズムの高まりとともに、日本という共同体の結束力を表す言葉「武士道」を通して、受容されたと考えられる。つまり、「アスレティシズム」は、明治期に創出された新しい「武士道」を通して、日本のスポーツ規範に反映されたと言える。

しかし、終章で示したように、ナショナリズムが超国家主義に陥った際に「武士道」は変容し、体育の中で「死狂」の根拠となった。入江克己は、「日本主義体育論の展開」について、「体育は、死をその内に含んでいる生命をもったところの指導者が、真に身体を統御し得るような主体として力強く働くこと、かかる生きた動きによって教育者を指導する」と説明し、当時の体育観を「滅私奉公」[3]の正当化と指摘した。また、ドイツの軍人精神を「武士道」として啓発していた事実や、ボーイスカウト運動がヒットラーユーゲントに迎合したように、スポーツとファシズムが結びついた。「武士道」の性質上、戦時中の「武士道」論が、ファシズムを擁護するものへと変容したことは当然であろう。

以上の経緯をたどると、「武士道」はこれまで語られてきた西欧規範と日本の伝統的規範との折衷論ではなく、西欧流の「文明の精神」が、日本的な表現になぞらえて啓発されたことで誕生した「創られた伝統」であったと言える。そして、その目的は帝国主義下において、日本が近代国民国家として成長し、生き残っていくためのエリート育成にあった。その意味で、社会ダーウィニズムと無縁のものではない。その結果、一高は「極東のパブリックスクール」として、フェアプレイやアマチュアリズムを理解することのできる「文明の精神」をを備えた近代国民国家を担う新しいエリートを創出した。しかし、西欧規範を身につけた一高生は、ナショナリズムの高まりとともにそれを武士に連なる表現として受け入れている。

繰り返しになるが、新渡戸も、伝統を復興させようとした訳ではなかった。彼の「武士道」とは、まさしく西欧の規範を日本の伝統になぞらえ、自国民の威信の喪失を防ぐと同時に、西欧社会に対し、極東の小国にも西欧の伝統的な騎士道精神と対等な精神文化があることを示して、自国を防衛しようとした帝国主義の時代のエリートによる懸命な意思の表明であった。すなわち、こうした「武士道」の実際が西欧規範のすり替えであったことは、決してスポーツの世界において偶然生じたことではなく、近代日本における宿命としての国民文化の表象であったかもしれない。

以上のように、日本におけるスポーツ規範としての「武士道」とは、社会ダーウィニズムの影響下で伝播した「アスレティシズム」を覆い隠すナショナルな表象であり、時代の精神の反映であった。しかも、ファシズム期に見られた「武士道」の変容は、つねに「武士道」が各々の時代の精神に「創られた伝統」として根拠を与え続けている装置に他ならなかった事実を補強している。

註

1）鈴木範久編『新渡戸稲造論集』岩波書店、二〇〇七年五月、三一九頁。
2）坂上康博『にっぽん野球の系譜学』青弓社、二〇〇一年七月、三一頁。
3）入江克己『日本ファシズム下の体育思想』不昧堂、一九八六年九月、二三一九頁。

引用・参考文献一覧

〈欧語文献〉

Alter, Peter, *Nationalism*, London, New York, Melbourne and Auckland: Edward Arnold, 1989 (1994) .

Beasley, W.G., *The Rise of Modern* Japan, Tokyo: Charles E. Tuttle Company, 1990.

Kinmonth, H.,"Nakamura Keiu and Smuel Smiles: A Victorian Confucian and a Confucian Victorian", *The American Historical Review*, Number 3 June, 1980.

Nitobe, Inazo, *Bushido: The soul of Japan* Kodansha International ,2002.

Strange, F.W.『*Outdoor Games*』丸家善七（出版人）、一八八三年。

Zhouxiang, Lu and Hong, Fan, *Sport and Nationalism* in China, New York & Oxon: Routledge.

〈邦語文献〉

阿部生雄「〝筋肉的キリスト教〟と近代スポーツマンシップの理念形成―チャールズ・キングズリを中心として―」『岸野雄三教授退官記念論集　体育史の探求』岸野雄三教授退官記念論集刊行会、一九八二年。

新井潤美『パブリック・スクール―イギリス的紳士・淑女のつくられかた』岩波新書、二〇一六年。

池田恵子「体育・スポーツ史の地平を考える―今、何が問われているか―」小田切毅一監修『いま奏でよう、身体のシンフォニー』叢文社、二〇〇七年。

池田恵子「ジェントルマン・アマチュアとスポーツ―十九世紀イギリスにおけるアマチュア理念とその実態―」望田幸男、村岡健次監修　有賀郁敏編『スポーツ』ミネルヴァ書房、二〇〇二年。

池田恵子訳　リチャード・ホルト「アマチュアリズムとイングリッシュ・ジェントルマン―スポーツ文化の分析―」『体育史研究』第二七号、二〇一〇年。

池田恵子試訳　マーティン・ポリー「スポーツと帝国・外交―一九世紀及び二〇世紀における英国のインターナショナルなスポーツ―」、二〇一四年三月日英比較スポーツ史研究会（於　山口大学）当日配布資料。後に『西洋史研究』

二五号収録。序章の註9）を参照されたい。

一高自治寮立寮百年委員会編『第一高等学校　自治領六十年史』一高同窓会、一九九四年。

今西嘉蔵『英国少年義勇団の組織と其教育』同文館、一九一五年。

入江克己『日本近代体育の思想構造』明石書店、一九八八年。

入江克己『ファシズム下の体育思想』不昧堂、一九八六年。

上杉進「英学事始め―in Iwakuni―岩国英国語学所と英国人教師ステーベンス」『英学史研究』日本英学史学会　第三一号、一九九八年。

上平泰博「戦時体制下の少年団」上平泰博、田中治彦、中島純編『少年団の歴史　戦前のボーイスカウト・学校少年団』萌文社、一九九六年。

浮田和民『帝国主義と教育』民友社、一九〇一年。

大柴衛『イギリスのパブリック　スクール』葵書房、一九七二年。

織田幹雄『陸上五十年』時事通信社、一九五五年。

籠谷次郎「国民教育の展開」井口和起編『近代日本の軌跡三　日清・日露戦争』吉川弘文館、一九九四年。

菅野覚明『武士道の逆襲』講談社現代新書、二〇〇四年。

菅野覚明『本当の武士道とは何か　日本人の理想と論理』ＰＨＰ新書、二〇一九年。

木下秀明「坪井玄道」『日本近代教育史事典』平凡社、一九七一年。

『校友会雑誌　号外』第一高等学校校友会、一八九五年。

『校友会雑誌　号外　野球部史附規則』第一高等学校校友会、一八九五年。

小柴博、奥田秀彦、寺岡一義編『少年団日本ジャンボリー』東京連合少年団、一九二三年。

相良亨『武士道』講談社学術文庫、二〇一〇年。

佐伯真一『戦場の精神史武士道という幻影』ＮＨＫブックス、二〇〇四年。

坂上康博『にっぽん野球の系譜学』青弓社、二〇〇一年。

櫻井鷗村訳　新渡戸稲造『武士道』丁未出版、一九〇八年。

白石さや、白石隆訳　ベネディクト・アンダーソン『創造の共同体　ナショナリズムの起源と流行』NTT出版、一九九七年。

鈴木範久編『新渡戸稲造論集』岩波書店、二〇〇七年。

『第一高等学校六十年史』第一高等学校、一九三九年。

高橋孝蔵『倫敦から来た近代スポーツの伝道師　お雇い外国人F・W・ストレンジの活躍』小学館、二〇一二年。

高橋佐門『旧制高等学校研究　校風・寮歌論編』昭和出版、一九七八年。

谷川稔、石井昌幸、池田恵子、石井芳枝訳　アレン・グットマン『スポーツと帝国―近代スポーツと文化帝国主義―』昭和堂、一九九七年。

坪井玄道、田中盛業編『戸外遊戯法』金港堂、一八八五年。

冨岡勝「旧制高校における寄宿舎と「校友会」の形成―木下広次（一高校長）を中心に―」『京都大学教育学部紀要』第四〇号、一九九四年。

中村敏雄『オフサイドはなぜ反則か』平凡社、二〇〇一年。

二荒芳徳「「勝利の道」に序す」宮本守雄『勝利への道』朝日新聞社、一九四一年。

新渡戸稲造『修養』実業之日本社、一九一一年。

日本オリンピック委員会監修『近代オリンピック一〇〇年の歩み』ベースボールマガジン社、一九九四年。

日本体育大学体育史研究室『運動界　解説』大空社、一九八六年。

平沼良『国家国民の体育』目黒書店、一九四一年。

深谷昌志『増補　良妻賢母主義の教育』黎明書房、一九九八年。

藤井泰「パブリック・スクール」松村昌家、川本静子、長島伸一、村岡健次編『帝国社会の諸相』研究社出版、一九九六年。

堀豊彦訳　E・バーガー『イギリス政治思想Ⅳ―H・スペンサーから一九一四年―』岩波書店、一九五四年。

前川啓治、梶原景昭他訳　エリック・ホブズボウム、テレンス・レンジャー編『創られた伝統』紀伊国屋書店、一九九二年
前川峰雄『新日本体育』教育科学社、一九四二年八月。

増田義一『思想善導の基準』実業之日本社、一九二一年。

増田義一『青年出世訓』実業之日本社、一九二五年。

馬静『実業之日本社の研究　近代日本雑誌史研究への序章』平原社、二〇〇六年。

岬隆一郎訳　新渡戸稲造『いま、拠って立つべき〝日本の精神〟　武士道』ＰＨＰ文庫、二〇〇五年。

水野忠文訳　ピーター・マキントシュ『フェアプレイ』ベースボール・マガジン社、一九八三年。

宮本守雄『勝利への道』朝日新聞社、一九四一年。

武藤厳男『肥後先哲偉蹟　後編』肥後先哲偉蹟後編刊行会、一九二八年。

村岡健次『ヴィクトリア時代の政治と社会』ミネルヴァ書房、一九八〇年。

村岡健次「「アスレティシズム」とジェントルマン―一九世紀のパブリック・スクールにおける集団スポーツについて―」村岡健次、鈴木利章、川北稔編『ジェントルマン・その周辺とイギリス近代』ミネルヴァ書房、一九八七年、二二八―二六一頁。

森敦監訳　ドナルド・Ｔ・ローデン『友の憂いに吾は泣く（上）旧制高等学校物語』講談社、一九八三年。

森敦監訳　ドナルド・Ｔ・ローデン『友の憂いに吾は泣く（下）旧制高等学校物語』講談社、一九八三年。

山方香峰『新武士道』実業之日本社、一九〇八年。

山本瀧之助『地方青年團體』熊谷辰治郎編『山本瀧之助全集』日本青年館、一九〇九年、七一―二一八頁。

山本瀧之助『一日一善』熊谷辰治郎編『山本瀧之助全集』日本青年館、一九一三年、七五七―八四〇頁。

山本瀧之助『團體訓練』熊谷辰治郎編『山本瀧之助全集』日本青年館、一九二八年、四三九―五五六頁。

ユネスコ東アジア文化研究センター編『資料御雇外国人』小学館、一九七五年。


〈雑誌（発行順）〉

『運動界』引用記事一覧

「『運動界』発行の趣意」『運動界』第一巻第一号、運動界発行所、一八九七年、一頁。

「筑紫艦米艦を破る」『運動界』第一巻第一号、運動界発行所、一八九七年、一八頁。

「近日の柔道界」『運動界』第一巻第一号、運動界発行所、一八九七年、一九頁。

西ノ内億次郎「武士道の要を述べて其振興策に及ぶ」『運動界』第一巻第三号、運動界発行所、一八九七年、一七―一八頁。

遠洋魚長「教育家に望む」『運動界』第二巻第三号、運動界発行所、一八九八年、一―三頁。

「運動界の気運」『運動界』第二巻第四号、運動界発行所、一八九八年、一―二頁。

知雨山人「帝国大学『運動会』を論ず」『運動界』第二巻第一一号、運動界発行所、一八九八年、三―四頁。

菊池大麓「運動の精神」『運動界』第三巻第二号、運動界発行所、一八九九年、一―三頁。

「中傷者を排す」『運動界』第三巻第五号、運動界発行所、一八九九年、五―七頁。

「木下京都大学総長の運動意見」『運動界』第三巻第五号、運動界発行所、一八九九年、一―四頁。

白眼生「中傷者を排す」『運動界』第三巻第五号、運動界発行所、一八九九年、五―七頁。

仲野秀治「青葉城裏の復讐」『運動界』第三巻第六号、運動界発行所、一八九九年、二一―二六頁。

『実業之日本』引用記事一覧

濱口擔「英人の紳士道と我国の武士道」『実業之日本』第一一巻一〇号、実業之日本社、一九〇八年五月一日号、二四―二八頁。

新渡戸稲造「新時代に処する実業家の武士道」『実業之日本』第一一巻一一号、実業之日本社、一九〇八年五月一五日号、二五―二九頁。

菊池大麓「余の英国にて感じたる競争上に於ける武士道」『実業之日本』第一一巻一三号、実業之日本社、一九〇八年六月一五日号、二〇―二二頁。

新渡戸稲造「余は何故実業之日本社の編集顧問となりたるか」『実業之日本』第一二巻一号、実業之日本社、一九〇九年一月一日号、五―一一頁。

徳富猪一郎「記者としての新渡戸博士は天下の逸品」『実業之日本』第一二巻二号、実業之日本社、一九〇九年一月一五日号、一五―一六頁。

浮田和民「博士は世界的武士道鼓吹の最適任者」『実業之日本』第一二巻二号、実業之日本社、一九〇九年一月一五日号、一七―一八頁。

『體育と競技』引用記事一覧

宮畑虎彦「マニラの十日」體育學會編『體育と競技』第四巻七月号、目黒書房、一九二五年、二七—三四頁。

納戸徳重「問題の動機となった四百米」體育學會編『體育と競技』第四巻七月号、目黒書房、一九二五年、三一—三五頁。

日本代表陸上監督選手一同「陸上選手退場に就きて」體育學會編『體育と競技』第四巻七月号、目黒書房、一九二五年、一五—二二頁。

高瀬養「絶対不出場問題の真相」體育學會編『體育と競技』第四巻七月号、目黒書房、一九二五年、三八—四六頁。

白黎「新興『国防体育』大会を賛す」體育學會編『體育と競技』第一七巻四月号、目黒書房、一九三八年、二—三頁。

編集部「国防体育運動要目」體育學會編『體育と競技』第一七巻四月号、目黒書房、一九三八年、九三—九九頁。

補　論　研究史における現代の位相

池田　恵子

「武士道は死んだ」。

このような表現で、ニーチェを気取るつもりはない。ただ、第一章で展開された森下氏の文言を再度、引用しておきたい。

かれらに戦士としての誇りや道徳的な高尚さを求めても無理がある。というよりは、現実の生活がこのようだったからこそ、観念のうえで武士道・士道が肥大化し発達していたということなのだろうか。ともあれ現実的な基盤をもたない思想や精神は、近代化の荒波のなか忘れ去れるのも早かった。「真の武士道」はあったとしてもそのようなものだったとすれば、新渡戸「武士道」が社会に受け入れられていった事情もいっそうよく理解できるように思えるのである。（第一章三九頁）

こうした第一章末の括りは、観念上の武士道ないし士道に思いを馳せた時点で、それはロマンティシズムを伴う想念の歴史ないしは「アイデンティティの座標軸」からみた「記憶の文化＝社会史」1）と通じるものがある。しかも、これまでの章が論じてきた通り、新渡戸の『武士道』を引用して、武士道野球が語られたのかどうかという直接証拠を見つけることに最大の歴史的意味があるわけではないことも示唆している。新渡戸の『武士道』は、記念碑のような建造物としての物質的磁場を伴うものではなかったにせよ、この書物の大衆に対する影響力としてのアイコンを世の中に投じたという意味で、人々の「集合記憶」の求心力になり得たことは疑いの余地がない。そして、それ以前の「衰退した武士」の記憶からの移行が果たされる。ベネディクト・アンダーソンBenedict Andersonが述べるように「意識の深刻な変化はいつでも、まさにその性格上、特有の記憶喪失をともな」い、そして、「そうした忘却のなかから、ある特定の歴史的状況の下で、物語《ナラティヴ》が生まれる」のである[2]。ここにポピュリズムとしての国民的アイデンティティ、「武士道」が社会の中で、再構築され、共有されていく理由がみてとれる。よって、船場氏が論じているように、英国のアスレティシズムが明治武士道に回収されたことを証明するには、「新渡戸ら実業之日本社の伝道活動が示しているように、西欧流の〈文明の精神〉を啓発するものであった」ことを示すことがその近道となる。本書において早々に論及されている通り、「新渡戸が編集顧問であった雑誌『実業之日本』にて、衆議院議員濱口擔は、ケンブリッジ大学での留学経験から「余の実見せる英人の武士的精神」（一九〇八年）を投稿し」、「菊池大麓も同年に「余の英国にて感じたる競争上に於ける武士道」を投稿した事実に触れている（第一章第一節四七―四八頁）。これらは共に、彼らが英国人のスポーツマンぶりを指して「武士道」と呼び、それを通じて明治武士道と英国規範との接続が意図的に図られたことを示すものである。しかも、そうした投稿が『実業之日本』に相次いだのは、新渡戸の『武士道』が翻訳されたのと同年の一九〇八年のことである。これは偶然であろうか。象徴的というべきか。いずれにせよ、英国規範は武士道に回収される。その傍証は本書で述べられた通り、数多存在する。

　さらに、菊池大麓は、『運動界』（一八九九年）に編まれた彼の講話が示す通り、英国のアスレティシズムの構成概念について説いた後、「古より武士気質として尊んだものと一致して居る。即ち日本には特に武士には昔より固有の精神があるが、どうも近来は動もすると此等の気象が消失したかと思わしむることがある。それで運動会競争は斯の気象を養成するに適当なる一つの手段であ」ると述べて、すでに、それ以前から英国的騎士道になぞらえ、英国規範と武士道の融合、衰退した武士道の再構築を試みていた（第三章一〇五頁）。他にも舩場氏が各章で展開の通り、様々な場面でその傾向は存在していたが、外敵を意識することが社会的に顕著になった日清・日露戦争以後の日本社会の中で、象徴的な求心力の役割を果たすことが増し、文化保守主義ないし文化ナショナリズムとしての「武士道」の影響力が顕著にあらわれるようになったと考えられる[3]。そうなると、序章で論じた通り、ホブズボウムらの言う「創られた伝統」としての「武士道」がもともと英国起源であったかどうかということは当時の人々にとっては、もはや重要ではなくなる（―後の歴史研究者を除いては―）。それゆえに、歴史家は苦闘する。もっとも舩場氏は新たな方法論に依拠するまでもなく、史料実証主義によってもすでに、幾つかの重要な叙述を発見し、堅実な結論を導いているが、ここではそのことの意味を別角度からも深めておきたい。

つまり、序章で述べたようにそれがEntangled Historyのいう、そして、ジョイス・グッドマン氏が解説する「事象の物的因果関係の証明に終始するのではなく、一連のイヴェントの後に何か起こったのかを起点に考えることを促す方法論的概念」が示唆する中身の重要性にあたると考えられる。彼女は「社会変化が相互依存と副産物の結果であることを重視し、事象の物的因果関係の証明に終始するのではなく、一連のイヴェントの後に何か起こったのかを起点に考えることを促す方法論的概念」の必要性を説いた。Entangled Historyの方法論に照らせば、体育・スポーツ界において、いったい「武士道」がどこから来たのか、その因果関係を証明しようとするよりも、一九〇〇年前後の社会において、確実に「武士道」の語が多用されるようになった事実を基点に歴史を捉えなおす方が手掛かりになる(──これは因果関係を軽視せよという意味ではない──)。こうした副産物の結果としての武士道の存在が明白になれば、その後の時代の変容のメカニズムについて論じることも容易になろう。なぜなら、人々の集合記憶は象徴的な磁場の変位によって、容易に再定義可能なものだからである。よって、舩場氏が終章にて述べているように、一九〇〇年前後の世界とは異なる新たな意味へと次々に塗り替えられていくことのメカニズムも説明可能となる。

> 明治以降に日本に受容された英国スポーツ規範は、ファシズム国家としての様相が色濃くなるにつれて変容した。スポーツおける「武士道」は、ドイツ流の精神と合致するものとして、ヒットラーユーゲントが用いる用語や理念に置換された。(終章二一三頁)

このように、長い歴史的スパンからみれば、武士道は前世紀転換期の「英国のアスレティシズム」からファシズムに依拠する「滅私奉公の正当化」までを担った。よって、この移ろう「武士道概念」が国民のアイデンティティを示す文化にあらわれた表象概念であったとすれば、「武士道」とは何を意味したのかということも明解になる。再び、アンダーソンによるネイションの定義に戻りたい。つまり、「同胞愛とは新しい意識の形」──「断絶の波頭のその瞬間で(国民であることを)経験することができなくなったときに成立した意識」[4]の表れであるとされている。この定義は西欧化に伴い、アイデンティティ解体の危機にあった明治期の日本によくあてはまる。よって、瀕死の「武士道」を掘り起こし、文化的な国民的アイデンティティとして「明治武士道」として再定義することが、近代国民国家形成期に生じた文化事象であったと述べて不思議はない。そして、その中身は時代の精神に応じて、すり替え可能ということになる。

いまでも「武士道」の活用形は国際スポーツ試合の際に引き合いに出される。「侍ジャパン」や「なでしこジャパン」を一九〇〇年代の帝国主義との対峙に用いられた概念「武士道」と比較対照するのは飛躍し過ぎかもしれない。しかし、ある意味、この活用形のラインに位置するからこそ、その名称が日本代表チームの比喩として馴染む面もあろう。但し、別稿で論じているが[5]、ワールドカップ日本女子サッカー代表チームを示す「なでしこジャパン」を武士道と同様に伝統的な国民のアイデンティティの表象として定着させようにも、「サッカー女子」にみられる二一世紀の斬新な女性像との乖離がはなはだしく、それらを無視して、無理やり「伝統的なネイションの概念」に押し込んめた「違和感」は隠し切れない。

したがって、「なでしこ」と対比する意味において、前世紀の「武士道」は成功例であった。

註

1）「過去の想起としての記憶ではなく、現在のなかにある過去の総体的構造としての記憶に、関心をよせる歴史学」と言われる。谷川稔「『記憶の場』の彼方に」、ピエール・ノラ編（谷川稔他監訳）『記憶の場―フランス国民意識の文化=社会史　第一巻　対立』岩波書店、二〇〇二年、六、七、一八頁。

2）ベネディクト・アンダーソン（白石さや・白石隆訳）『増補　想像の共同体―ナショナリズムの起源と流行―』NT

T出版、一九九七（二〇〇二）年。

3）Keiko Ikeda,“The History of Modern Sport in Japan: the British Influence through the Medium of Sport on Imperialism, Nationalism and Gender with Reference to the Works of J. A. Mangan”, *Manufacturing Masculinity the Mangan Oeuvre Global Reflections on J.A. Mangan's Studies of Masculinity, Imperialism and Militarism*, edited by Peter Horton, Logos Verlag: Berlin GmbH, 2017, passim.

4）アンダーソン、前掲訳書、三三二頁。

5）Keiko Ikeda,“From Ryosaikenbo to Nadeshiko: Women and Sports in Japan”, *Routledge handbook of sport, gender and sexuality*, edited by Jennifer Hargreaves and Eric Anderson, Routledge: London and New York, 2014, pp.97-105.

引用文献一覧

Ikeda, Keiko,“From Ryosaikenbo to Nadeshiko: Women and Sports in Japan”, *Routledge handbook of sport, gender and sexuality*, edited by Jennifer Hargreaves and Eric Anderson, Routledge: London and New York, 2014, pp.97-105.

Ikeda, Keiko,“The History of Modern Sport in Japan: the British Influence through the Medium of Sport on Imperialism, Nationalism and Gender with Reference to the Works of J. A. Mangan”, *Manufacturing Masculinity the Mangan Oeuvre Global Reflections on J.A. Mangan's Studies of Masculinity, Imperialism and Militarism*, edited by Peter Horton, Logos Verlag: Berlin GmbH, 2017, .pp.133-157.

ベネディクト・アンダーソン（白石さや・白石隆訳）『増補　想像の共同体—ナショナリズムの起源と流行—』ＮＴＴ出版、一九九七（二〇〇二）年。

谷川稔「『記憶の場』の彼方に」、ピエール・ノラ編（谷川稔他監訳）『記憶の場—フランス国民意識の文化=社会史　第一巻　対立』岩波書店、二〇〇二年、一—一三頁。

執筆担当・著者略歴

編　著

池田恵子

1995年　奈良女子大学大学院人間文化研究科博士課程比較文化学専攻修了。博士（学術）。　同年同大学文学部人間行動科学科助手。1999年　山口大学教育学部講師、2002年　助教授、2007年　准教授、2012年　教授。2015年　北海道大学大学院教育学研究院教授。現在に至る。

専門領域　体育・スポーツ史、主に英国スポーツ史、日英比較スポースポーツ史、トランスナショナル・ヒストリー

主著　『前ヴィクトリア時代のスポーツ―ピアス・イーガンの「スポーツの世界」』(不昧堂、1996年)。「ジェントルマン・アマチュアとスポーツ―一九世紀イギリスにおけるアマチュア理念とその実態― 」有賀郁敏編著『ヨーロッパの探究 シリーズ8　スポーツ』所収（ミネルヴァ書房、2002年)。　他多数。

執筆担当　序　章　修辞としての文化ナショナリズム―その盲点

補　論　研究史における現代の位相

著　者

森下　徹

1993年　東京大学大学院人文科学研究科博士課程修了。博士（文学)。1994年山口大学教育学部講師、1996年　助教授、2009年　教授。現在に至る。

専門領域　日本近世史

主著　『武士という身分』(吉川弘文館、2012年)。『近世都市の労働社会』(吉川弘文館、2014年)。他多数

執筆担当　第一章　夜明け前の武士

舩場大資

2015年　山口大学大学院博士課程東アジア研究科修了　博士（学術)。山口学芸大学　准教授。現在に至る。

専門領域　体育・スポーツ史・幼児教育

主著　“Britain and the Development of Modern Japanese Sport: From Sporting Amateurism to Fascism under the Period of Japanese Imperialism”, *Pan-Asian Journal of Sports & Physical Education* 所収 , 2011年。「「明治武士道」にみる「文明の精神」の普及―新渡戸稲造と実業之日本社を中心に―」山口大学『東アジア研究』一三号所収（2015年）　他

執筆担当　第二章　「明治武士道」規範と「文明の精神」

第三章　「社会ダーウィニズムと「文明の精神」―西欧規範としての「武士道」の創造―

第四章　フィールドにみるスポーツ規範と「武士道」

終　章　ファシズムによる「武士道」の変容

結　論　日本的スポーツ規範「武士道」の再考

カバーデザイン：
『實業之日本』(第11巻第10号(24頁)、第11号(表紙および25頁)、第12号(20頁)。いずれも実業之日本社1908年刊）を使用し作成
カバー裏挿絵：
1902年5月10日付『*Illustrated London News*』(London)

英国《えいこく》のスポーツ規範《きはん》と明治武士道《めいじぶしどう》
発行　2024年2月28日　初版第1刷発行

編　著／池田恵子
著　　／森下　徹・船場大資
発行人／佐藤由美子
発行元／株式会社叢文社
〒112-0014
東京都文京区関口1-47-12 江戸川橋ビル
電　話　03（3513）5285
ＦＡＸ　03（3513）5286
印刷・製本／株式会社丸井工文社

ISBN978-4-7947-0844-1